이곳에 가족 사진을 붙이세요.

🍀 저의 이름은 _____입니다.

🍀 저는 _____년 _____월 _____일에 태어났습니다.

🍀 저는 _____초등학교 ___년 ___반입니다.

🍀 저는 _____에 살고 있습니다.

🍀 우리 아빠는 _____씨이고, 엄마는 _____씨입니다.

🍀 우리 집 전화번호는 _____입니다.

KI신서 9694

하루 15분 생각 키우기(개정2판)

1판 1쇄 발행 2021년 6월 3일

지은이 남미영
펴낸이 김영곤 **펴낸곳** (주)북이십일 21세기북스
영업팀 한충희 김한성
제작팀 이영민 권경민

출판등록 2000년 5월 6일 제406-2003-061호
주소 (10881) 경기도 파주시 회동길 201 (문발동)
대표전화 031-955-2100 **팩스** 031-955-2151 **이메일** book21@book21.co.kr

ⓒ 남미영 2016

ISBN 978-89-509-9537-9 73800

(주)북이십일 경계를 허무는 콘텐츠 리더

21세기북스 채널에서 도서 정보와 다양한 영상자료, 이벤트를 만나세요!
페이스북 facebook.com/jiinpill21   **포스트** post.naver.com/21c_editors
인스타그램 instagram.com/jiinpill21   **홈페이지** www.book21.com
유튜브 www.youtube.com/book21pub

당신의 인생을 빛내줄 명강의! 〈유니브스타〉
유니브스타는 〈서가명강〉과 〈인생명강〉이 함께합니다.
유튜브, 네이버, 팟캐스트에서 '**유니브스타**'를 검색해보세요!

책값은 뒤표지에 있습니다.
이 책 내용의 일부 또는 전부를 재사용하려면 반드시 (주)북이십일의 동의를 얻어야 합니다.
잘못 만들어진 책은 구입하신 서점에서 교환해드립니다.

- **제조자명 :** (주)북이십일
- **주소 및 전화번호 :** 경기도 파주시 문발동 회동길 201(문발동) / 031-955-2100
- **제조연월 :** 2018년 7월 9일
- **제조국명 :** 대한민국
- **사용연령 :** 36개월 이상 어린이 제품

생각 키우기

매일매일 15분

남미영 지음

21세기북스

'남미영의 매일매일 글쓰기학교' 입학을 환영합니다.

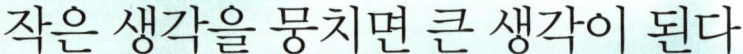

작은 생각을 뭉치면 큰 생각이 된다

큰사람이란 키가 큰 사람이 아니라
생각이 큰 사람이란다.
발명왕 에디슨, 한글을 만든 세종대왕,
동화 작가 안데르센, 흑인 노예를 해방시킨 링컨,
거북선을 만든 이순신 장군 같은 분들이
큰사람이지.

이분들도 처음부터 큰사람은 아니었어.
작은 생각들을 버리지 않고 모으고, 뭉치고, 굴려서
마침내 위대한 생각을 탄생시킨 분들이지.

생각은 나무처럼 자란단다.
작은 새싹에 물을 주면 자라서 큰 나무가 되듯이
작은 생각들을 키우면 큰 생각이 된단다.

그런데 요즘의 어린이들은 참 바쁘더구나.
해야 할 공부도 많고, 갈 곳도 많아.
이것 해 보다 안 되면 저것 해 보며
우왕좌왕할 새가 없지.

그래서 나는 오래전부터 생각을 키워 주는
쉽고 재미있는 책을 선물하고 싶었어.
그 생각이 이 책을 탄생시켰어.

그래, 이 책은 생각을 키워 주는 책이야.
나와 여러분이 매일 만나서
생각 키우기를 연습하는 교실이야.
그뿐 아니지.
여러분의 생각에 부모님과 친구들이 댓글을 달아
생각을 주고받는 토론장이기도 하지.
그러니까 인터넷에 있는 블로그처럼,
많은 사람의 생각을 담을 수도 있는 특별한 책이야.

잊지 말아야 할 것은 우리가 매일매일 만나는 거야.
"습관이 운명을 만든다."는 말을 기억해 두렴.

남미영(한국독서교육개발원 원장)

차례

첫째 달 : 생각을 찾아라

무슨 일일까? · 012

형제는 좋아(발견하기) · 013 그럴듯한 대화(대화 만들기) · 014 말놀이 생각 놀이(낱말 맞히기) · 015
무슨 사연이 있을까?(대화 내용 상상하기) · 016 더워서 좋은 것들(발견하기) · 017
옥수수와 하모니카(상상하기) · 018 아이디어 일기(아이디어 깨우기) · 019
종달새의 이사날(짐작하여 말하기) · 020

그래서 어떻게 되었지? · 022

이메일 일기(인터넷에 글쓰기) · 023 옛날 옛날에(이야기 구성하기) · 024
솔로몬의 재판(판사처럼 생각하기) · 025 새들에게 일어난 일(이야기 꺼내기) · 026
말의 힘(생각 요약하기) · 027 바람과 책(동시 외기) · 028 수수 씨 재판(변호사처럼 생각하기) · 030

아니라면 어쩔래? · 032

조퇴하고 싶은 날(상황 추측하기) · 033 수수께끼 만들기(추측하며 생각하기) · 034
나는 요즘(문장으로 요약하기) · 035 두뇌에게 전화 걸기(질문 만들기) · 036
시험 문제 내기(중심 내용 뽑기) · 037 고구마, 고구마(경험 속 소재 찾기) · 038
다섯 송이 식당(다양하게 생각하기) · 039 토끼는 왜 달렸을까?(낱말 뜻 추측하기) · 040

상상의 안경을 써 봐요 · 042

부엌에서 나는 소리들(생생하게 꾸미기) · 043 우리나라 지도(생생하게 쓰기) · 044
마음에 드는 구절(판단하기) · 046 내 어휘 실력은?(낱말 만들기) · 047
어려운 것도 쉽게(예를 들어 설명하기) · 048 생각의 불꽃을 당겨라(순발력 기르기) · 049
소중한 사람들(내 마음 전하기) · 050 아버지의 유산(추측하여 생각 쓰기) · 052

둘째 달 : 생각을 모아라

동글동글한 생각끼리 · 058

꽃들에게 들은 이야기(관찰하기) · 059   생각의 고향(독서 이력서 쓰기) · 060
시원해지는 방법(상상해서 쓰기) · 061   견우직녀를 행복하게(새로운 이야기 짓기) · 062
동그란 이유(이유 생각하기) · 063   속담으로 말해요(경험으로 판단하기) · 064   나도 신문 기자(사실대로 쓰기) · 065
마법의 설탕 두 조각(독서 감상문 쓰기) · 066

반듯반듯한 생각끼리 · 070

왜 안 뽑히는 거지?(상상하여 쓰기) · 071   어떻게 그런 생각이?(추리력 기르기) · 072
무슨 일이 생겼을까?(추측하여 쓰기) · 073   할아버지 댁에서(들은 대로 쓰기) · 074
엄마가 어렸을 때(동화처럼 쓰기) · 075   말투가 사람이야(원인과 결과 찾기) · 076
만약에 나라가 없다면?(영화 감상문 쓰기) · 077   틀에서 벗어나기(엉뚱하게 생각하기) · 078

톡톡 튀는 생각끼리 · 080

선생님 칭찬하기(편지 쓰기) · 081   아빠가 나만 했을 때(동화처럼 쓰기) · 082
엄마는 몰라요(이야기로 표현하기) · 083   자연의 소리(생생하게 전하기) · 084
불을 끄고 별을 켜자(상상하기) · 086   톡톡 튀는 가게 이름(이름 짓기) · 087
가시철조망을 만든 목동(원인과 결과 찾기) · 088

지혜로운 생각끼리 · 090

신발 한 짝(입장 바꿔 생각하기) · 091   구름도 이름이 있네(짧은 글짓기) · 092   개학날(일기거리 찾기) · 093
마음의 짐(고백하는 글쓰기) · 094   꼬리에 꼬리를 무는 낱말들(끝말잇기) · 096
나의 생각하기 점수는?(판단하기) · 097   둠디둠둠 푸른 도깨비(문제 해결하기) · 098
네 목소리를 들으면(분석하며 생각하기) · 101

셋째 달 : 생각을 넓혀라

생각의 가난뱅이는 싫어! · 104

로봇 하나 갖고 싶어요(창의적으로 생각하기) · 105 둥근 것들의 비밀(이유 발견하기) · 106
하늘은 왜 파란가(호기심 키우기) · 107 나는 어떤 아이?(판단력 키우기) · 108
날씨의 이름(어휘 구분하기) · 109 송편과 만두(특성 분석하기) · 110 한석봉 엄마(설득하는 생각 쓰기) · 111
화가의 우정(입장 상상하기) · 112

생각쟁이 왕자처럼 · 114

심청이 인터뷰(상상하여 답변하기) · 115 개그맨 되어 보기(유머 쓰기) · 116
색깔들의 이야기(화가처럼 생각하기) · 117 소파를 팔까? 말까?(경제적으로 생각하기) · 118
이치에 맞는 말(어휘력 키우기) · 119 우리는 닮은꼴(동시로 표현하기) · 120
대가족과 핵가족(문제 해결력 기르기) · 121 즐거운 이별(뒷이야기 쓰기) · 122

생각쟁이 공주처럼 · 124

게임 회사 사장님에게(창의력 키우기) · 125 백화점엔 창문이 없다(경제적으로 생각하기) · 126
노란 아이리스 이야기(창의력 키우기) · 127 거울의 역사(추리력 키우기) · 128
100년 후의 세상(상상력 키우기) · 129 손가락으로 지킨 나라(문제 해결력 키우기) · 130

생각의 궁전 짓기 · 132

부모 팔아 친구 산다?(추리력 키우기) · 133 특별한 기상 통보관(창의력 키우기) · 134
김밥 할머니(다양한 입장 경험하기) · 135 무슨 일일까?(그림 보고 상상하기) · 136
마음의 표식 만들기(생각을 그림으로) · 137 산 너머 저쪽엔(호기심이 동시로) · 138
동화 완성하기(이야기 이어쓰기) · 139 경주 최 부잣집의 비밀(도덕적 판단력 기르기) · 140

넷째 달 : 생각을 즐기자

열려라, 참깨! · 144

가을 안녕?(감성 키우기) · 145　책이 과자로 변한다면?(엉뚱하게 생각하기) · 146　단군 할아버지(개천절) · 147
내 낱말 실력은?(어휘력 확장하기) · 150　귓속말하고 싶은 친구(집중하여 관찰하기) · 151
말로 때려도 아파요(언어 순화하기) · 152　나의 우리말 실력은?(우리말 익히기) · 153
꽃씨와 눈사람(비유적 의미 알기) · 154

슬근슬근 톱질하세 · 156

직업 이야기(예측하기) · 157　나의 습관(판단력 다지기) · 158　수염을 기르세요(상상력 확장하기) · 159
정직한 인천 시민(판단력 키우기) · 160　그렇게 깊은 뜻이?(숨은 뜻 파악하기) · 161
세 살 때의 나(내 이야기 만들기) · 162　책벌레 왕자(추리력 키우기) · 163

날아다니는 양탄자 · 164

똑똑한 유권자가 되려면(판단력 기르기) · 165　학교와 학원의 차이점(비판력 기르기) · 166
임금님 귀(이야기 창작하기) · 167　왜 그럴까요?(추리력 기르기) · 168
아빠가 못 사 온 이유(논리적으로 생각하기) · 169　아하, 그런 뜻이(의미 풀어 쓰기) · 170
바보네 가게(원인 추리하기) · 171　이기는 것보다 중요한 것(도덕적 판단력 키우기) · 172

알라딘의 요술 램프 · 176

작가 연습(모험 이야기 쓰기) · 177　성인들의 한 말씀(상상력 확산시키기) · 178
나는 분쟁 해결사(문제 해결력 기르기) · 179　압력 밥솥의 비밀(생각을 단락으로) · 180
육지가 아니라 바다라면(상황 바꿔 상상하기) · 181　새우 등이 터져요(입장 바꿔 생각 쓰기) · 182
생각이 모락모락(이야기 만들기) · 183　지은이에게 편지 쓰기(의견 전하기) · 184

첫째 달 : 생각을 찾아라

옛날에 어떤 아이가
도랑을 펄쩍 건너뛰다가
신기한 생각을 잊어버렸대.
아이는 그 생각을 찾으려고 도랑을
이쪽에서 저쪽으로, 저쪽에서 이쪽으로
자꾸만 건너뛰었지.

이를 본 하얀 신령님이 웃으며 말씀하셨어.
"애야, 생각은 도랑 속에 살지 않아.
생각은 머릿속에 산단다.
궁금증과 미소와 부지런함을 한 스푼씩 떠서
찬물에 잘 개어 은근한 불에 끓이면
달콤 쌉싸레한 시럽이 되는데,
그 시럽을 한 숟가락 떠먹고는
조용히 눈 감고 앉아 있어 봐.
그러면 잊어버린 생각들이 별똥별처럼
우우우 너에게로 돌아온단다."

그런데 너는 어떤 생각을 잊어버렸니?

01day
형제는 좋아
(발견하기)

08day
종달새의
이사날
(짐작하여 말하기)

15day
수수 씨 재판
(변호사처럼 생각하기)

22day
다섯 송이 식당
(다양하게 생각하기)

29day
생각의 불꽃을
당겨라
(순발력 기르기)

02day 그럴듯한 대화 (대화 만들기)	03day 말놀이 생각 놀이 (낱말 맞히기)	04day 무슨 사연이 있을까? (대화 내용 상상하기)	05day 더워서 좋은 것들 (발견하기)	06day 옥수수와 하모니카 (상상하기)	07day 아이디어 일기 (아이디어 깨우기)
09day 이메일 일기 (인터넷에 글쓰기)	10day 옛날 옛날에 (이야기 구성하기)	11day 솔로몬의 재판 (판사처럼 생각하기)	12day 새들에게 일어난 일 (이야기 꺼내기)	13day 말의 힘 (생각 요약하기)	14day 바람과 책 (동시 외기)
16day 조퇴하고 싶은 날 (상황 추측하기)	17day 수수께끼 만들기 (추측하며 생각하기)	18day 나는 요즘 (문장으로 요약하기)	19day 두뇌에게 전화 걸기 (질문 만들기)	20day 시험 문제 내기 (중심 내용 뽑기)	21day 고구마, 고구마 (경험 속 소재 찾기)
23day 토끼는 왜 달렸을까? (낱말 뜻 추측하기)	24day 부엌에서 나는 소리들 (생생하게 꾸미기)	25day 우리나라 지도 (생생하게 쓰기)	26day 마음에 드는 구절 (판단하기)	27day 내 어휘 실력은? (낱말 바꾸기)	28day 어려운 것도 쉽게 (예를 들어 설명하기)
30day 소중한 사람들 (내 마음 전하기)	31day 아버지의 유산 (추측하여 생각 쓰기)				

무슨 일일까?

01 day

형제는 좋아
(발견하기)

졸졸졸
따라와요, 내 동생이.
"왜 따라오니?"
"형이 좋아서."
동생이 날 좋아하는구나.

쿵쾅쿵쾅
날 따라 해요, 내 동생이
"왜 따라 하니?"
"형이 하니까."
동생이 날 보고 배우는구나.

난 동생의 거울이구나.
동생의 좋은 거울이 되어야지.

― 장순필, 〈내 동생〉

동생이나 형제가 있나요? 형제가 있어서 좋은 점을 생각나는 대로 다 써 보세요. 형제가 없으면 상상해서 써도 좋아요.

___

___

___

오늘의 댓글은 부모님에게 부탁할까요?

그럴듯한 대화
(대화 만들기)

출처 : 김우영, 《뚱딴지 만화편지》(계림닷컴)

김우영 선생님의 《뚱딴지 만화편지》 내용 중 일부입니다. 말풍선 속에 그럴듯한 대화를 넣어 재미있는 만화를 완성해 보세요.

① _____

② _____

③ _____

오늘은 유머가 많은 친구의 댓글을 받아 보세요.

03day

말놀이 생각 놀이
(낱말 맞히기)

여러분은 낱말 부자인가요? 잘 모르겠다고요? 그럼 지금부터 알아보기로 해요. 다음 빈칸에 낱말을 몇 개나 쓸 수 있는지 알아보면 낱말 부자인지 아닌지 알 수 있거든요.

1 '항아리' 처럼 '리' 자로 끝나는 말을 써 보세요.

2 '어머니' 처럼 '니' 자로 끝나는 말을 써 보세요.

3 '아버지' 처럼 '지' 자로 끝나는 말을 써 보세요.

4 '앞치마' 처럼 '마' 자로 끝나는 말을 써 보세요.

5 '토마토' 처럼 앞뒤가 같은 말을 써 보세요.

우리 집에서 말을 제일 잘하는 사람의 댓글을 받으세요.

무슨 사연이 있을까?
(대화 내용 상상하기)

텔레비전에서 남과 북으로 갈라져 살아온 가족들이 만나고 있어요. 그런데 시끄러워서 소리가 들리지 않네요. 두 사람은 무슨 말을 저렇게 애타게 주고받고 있을까요? 여러분이 상상하여 써 보세요.

● 할아버지 : _____

● 할머니 : _____

● 할아버지 : _____

● 할머니 : _____

● 할아버지 : _____

● 할머니 : _____

상상력이 풍부한 친구의 댓글을 받아보세요.

05day

더워서 좋은 것들
(발견하기)

"7월은 청포도가 익어 가는 계절"

이렇게 말한 시인이 있었어요. 무엇이 청포도를 익게 만들까요? 7월의 햇볕이랍니다. 7월의 햇볕이 없다면 포도가 어떻게 그렇게 달콤하게 익을 수 있겠어요?

과일을 맛있게 해 주는 햇볕처럼 우리를 반듯하고 강한 사람으로 단련시켜 주는 것에는 무엇이 있을까요? 옛날 어른들은 그것을 '어린 시절의 고생'이라고 믿었지요. 그래서 "어려서 고생은 사서라도 하랬다."라는 속담이 생겼답니다.

오늘의 생각 일기는 '더워서 좋은 것들'을 발견해 보기입니다. 몇 가지나 생각할 수 있는지, 지난 여름을 생각하면서 찾아보세요.

1. _____
2. _____
3. _____
4. _____
5. _____

나와 가장 친한 친구의 댓글을 받아 보세요.

옥수수와 하모니카
(상상하기)

옥수수 나무 열매에 하모니카가 들어 있네.
니나니 나나나 니나니나 니나니 나나나 니나니나.

– 윤석중, 〈옥수수 나무〉

옥수수의 모양이 하모니카 같다는 생각으로 지은 동시입니다. 여러분도 다음 빈칸을 채워 동시를 지어 보세요.

대나무 줄기 속에 _____

_____

복숭아 나무 열매에 _____

_____

아카시아 나무 꽃 속에 _____

_____

라일락 나무 꽃 속에 _____

_____

상상력이 높은 친구에게 댓글을 부탁하세요.

07day

아이디어 일기
(아이디어 깨우기)

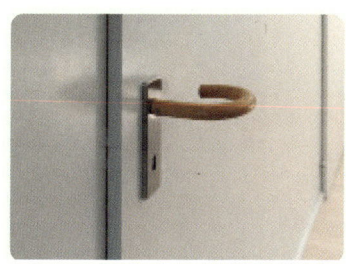

못 쓰는 우산을 이렇게 요긴하게 쓸 수 있다니! 못 쓰는 우산으로 할 수 있는 또 다른 것은 없을까요? 여러 가지 아이디어를 내어 보세요.

아이디어가 많은 사람의 댓글을 받아 보세요.

종달새의 이사날
(짐작하여 말하기)

　보리밭 속에 종달새 식구들이 살았습니다. 보리가 누렇게 익어 가자 어미 종달새는 이사할 곳을 찾으러 다녔습니다.
　"애들아, 엄마가 이사할 곳 좀 찾아보고 올 테니, 밭 주인이 와서 뭐라고 말하는지 잘 들어 두어라."
　어미 종달새가 외출하면서 말했습니다.
　"엄마, 밭 주인이 와서 '보리가 알맞게 익었구나. 이웃 사람들을 불러다가 베어야겠네.' 라고 말했어요."
　"그럼 아직 염려할 것 없구나. 얼마 동안은 더 살아도 되겠구나."
　얼마 후에 어미 종달새가 나갔다 돌아오니 새끼들이 말했어요.
　"엄마, 엄마. 오늘은 밭 주인이 와서 말하기를 '내일은 삼촌들을 불러 보리를 베자.' 라고 말했어요."
　"애들아, 걱정 마라. 며칠은 더 살아도 되겠구나."
　며칠 후에 엄마가 나갔다 들어오자 새끼들이 말했어요.
　"엄마, 엄마, 엄마. 밭 주인이 와서 '이웃이나 일가친척들만 바라보다가는 아무것도 안 되겠구나. 내일은 집안사람끼리라도 베어야겠어.' 라고 말했어요."
　"그래? 그럼 이제 떠날 때가 되었구나. 자, 내일 새벽에 떠나자."
　어미 종달새가 새끼들에게 말했답니다.

1. 어미 종달새가 내일 새벽에 떠나기로 결정한 이유는 무엇인가요? 어미 종달새가 되어 새끼들에게 이유를 말해 주세요.

2. 동생이나 친구에게 이 동화를 읽어 주고, 하고 싶은 질문을 두 개 만들어 보세요.

    ①
    ②

3. 어미 종달새가 여행을 떠나기로 했어요. 여러분이 어미 종달새라면 어떻게 쓸까요? 이 동화를 참고하여 새끼들에게 남길 글을 써 보세요.

생각이 깊은 웃어른의 댓글을 받아 보세요.

이메일 일기
(인터넷에 글쓰기)

아빠의 이메일 주소를 아세요? 오늘은 인터넷의 바다로 가서 아빠에게 이메일을 띄워 보세요. 사이버 세상에서 만나는 기분은 어떨까요? 그런데 뭐 사 달라는 내용은 쓰지 않기예요. 우리 가족을 위해 열심히 일하시는 아빠에게 가슴 뭉클한 감격을 선물해 보세요.

아빠의 이메일 주소 :

아빠를 감격시킬 내용 :

오늘은 아빠의 댓글을 받는 게 좋겠지요?

옛날 옛날에
(이야기 구성하기)

조선시대에 김홍도라는 화가가 있었어요. 그분은 생활 속에서 벌어지는 이야기를 그림으로 그리기를 좋아했지요. 왼쪽 그림은 김홍도가 그린 〈서당〉이라는 그림이에요. 그림 속에 들어 있는 이야기를 꺼내어 글로 써 보세요. '옛날 옛날에' 라고 시작하세요.

글짓기를 좋아하는 친구의 댓글을 받아 보세요.

11day

솔로몬의 재판
(판사처럼 생각하기)

　옛날 이스라엘에 솔로몬이라는 현명한 임금님이 있었습니다. 하루는 두 여인이 솔로몬 왕을 찾아와 한 갓난아이를 서로 자기 아기라고 우겼습니다. 솔로몬 왕이 여인들의 이야기를 듣고 말했습니다.
　"두 사람이 다 아기 엄마라고 하니 할 수 없도다. 내 이 아기를 칼로 베어 똑같이 나누어 주겠노라."
　그러자 한 여인이 울며 소리쳤습니다.
　"왕이시여! 아기를 저 여인에게 주옵소서!

　오늘은 여러분이 재판관이 되어 솔로몬이 사용하지 않은 새로운 방법으로 재판을 해 보세요.

● 재판관이 된 나:

평소에 존경하던 분에게 댓글을 부탁해 보세요.

새들에게 일어난 일
(이야기 꺼내기)

출처 : 황중환, 2008, 《동아일보》

　그림 속에 이야기가 들어 있어요. 세상에 나오고 싶었지만 꺼내 주는 사람이 없어서 답답하대요. 자, 연필을 살짝 쥐고 가볍게 이야기를 쓰세요. 쓰다가 다른 생각을 하면 이야기가 달아날지도 몰라요. 머릿속에서 샘솟는 이야기들을 하나도 놓치지 마세요. 제목도 지어 주세요.

_____

_____

_____

_____

_____

마음씨가 따뜻한 사람의 댓글을 받아 보세요.

13day

말의 힘
(생각 요약하기)

　말에는 힘이 있습니다. 좋은 말을 들으면 기운이 나고, 나쁜 말을 들으면 힘이 빠집니다. 그래서 우리 조상들은 "말이 씨가 된다.", "부모 말이 문서"라는 속담을 만들어 '말의 힘'을 강조했지요. 여러분이 들었던 '기운 나게 하는 말'과 '힘 빠지게 하는 말'을 적어 보세요.

1 나를 힘 빠지게 했던 말들

①
②

2 나를 기운 나게 했던 말들

①
②

3 내가 지은 격언 한마디

　　　　예) 말이 예쁘면 얼굴도 예쁘고, 말이 미우면 얼굴도 밉다.

　내가 지은 격언 :

다툰 적이 있는 친구에게 댓글을 부탁해 보세요.

바람과 책

(동시 외기)

바람이 지나가다
펼쳐진 책을 보았습니다.

"우리도 읽어 볼까?"

바람은 팔랑팔랑
책장을 넘겼습니다.

"와, 재미있다."

한참 동안 그림만
보고 있다가

"얼른 보자. 주인 오기 전에……."

주르륵 여러 장을
한꺼번에 넘겼습니다.

— 문삼석, 〈바람과 책〉

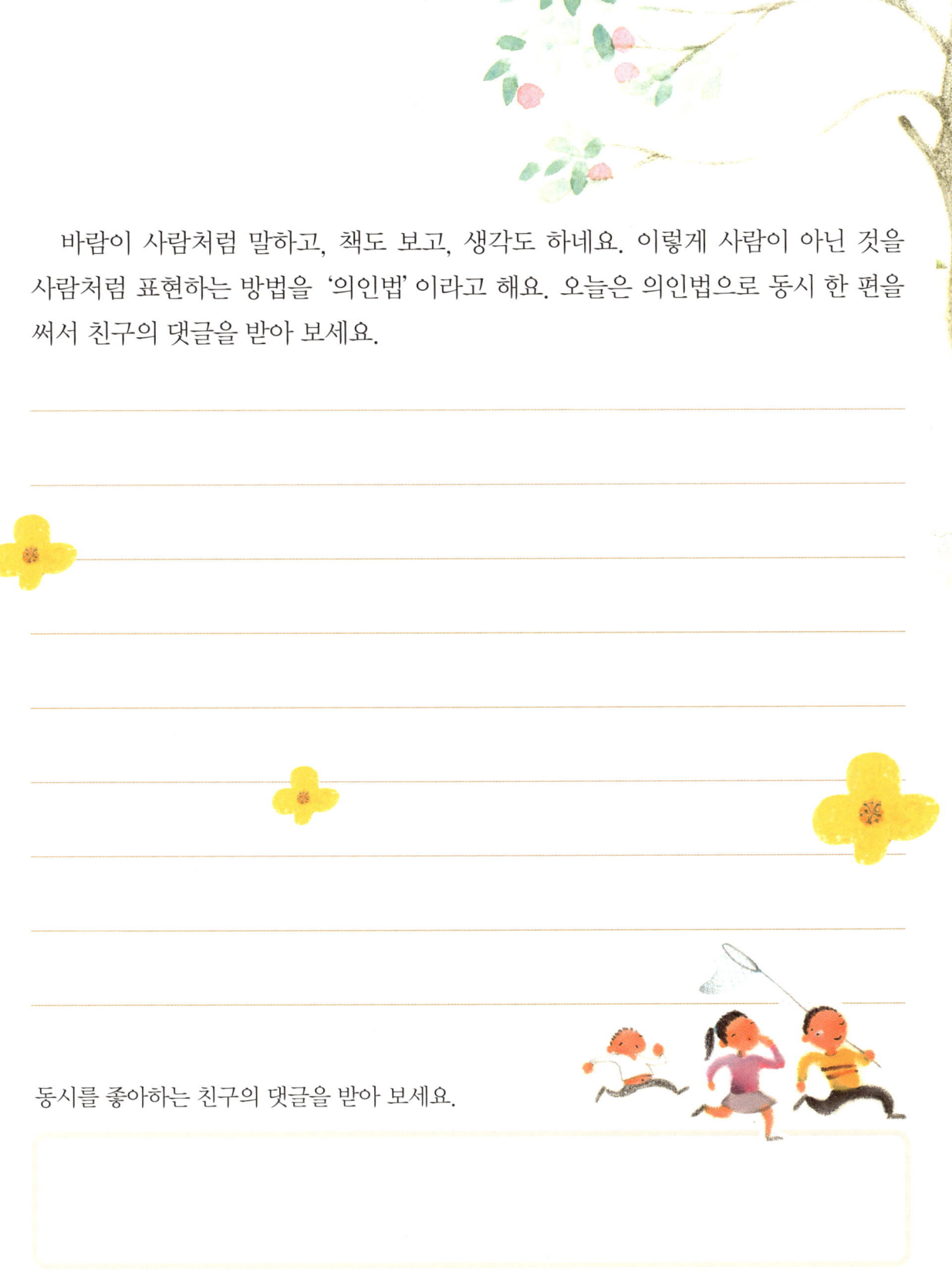

바람이 사람처럼 말하고, 책도 보고, 생각도 하네요. 이렇게 사람이 아닌 것을 사람처럼 표현하는 방법을 '의인법'이라고 해요. 오늘은 의인법으로 동시 한 편을 써서 친구의 댓글을 받아 보세요.

동시를 좋아하는 친구의 댓글을 받아 보세요.

수수 씨 재판
(변호사처럼 생각하기)

옛날 옛날 어떤 마을에 김 씨와 이 씨가 살았어요. 두 사람은 둘도 없는 친구였죠. 그런데 김 씨는 아들을 셋이나 두었는데, 이 씨는 아들이 없었어요. 어느 날 네 번째 아들을 낳은 날 김 씨가 이 씨에게 귓속말을 했어요.

"이번에 낳은 아들을 자네에게 줄 테니 다른 곳으로 이사 가 잘 키우게."

물론 이 씨는 친구의 우정에 감사의 눈물을 흘렸지요.

그런 후 20년이 지난 다음에 두 사람이 만나 보니 김 씨의 아들들은 못된 짓만 골라 하는 건달이 되었는데, 이 씨의 아들은 반듯하게 자란 나무처럼 훌륭한 청년이 되어 있더랍니다. 이것을 본 김 씨는 속이 상했어요. 그래서 이 씨에게 "이제는 아들을 돌려 달라."고 말했어요. 이 말을 들은 이 씨는 앞이 캄캄했습니다. '이 일을 어쩌면 좋단 말인가?' 이 씨는 밥도 못 먹고 끙끙 앓았어요.

이를 이상히 여긴 아들이 이유를 묻자, 이 씨는 할 수 없이 "네 친아버지는 내가 아니라 김 씨"라고 말하며 울먹였습니다.

"아버님, 그게 무슨 걱정이십니까? 제가 잘 해결할 테니 걱정하지 마세요. 아버님께서는 잔치를 열고 친구들을 불러 모으시기만 하세요."

며칠 후 이 씨네 잔치에 친구들이 왔습니다. 물론 김 씨도 왔지요. 아들이 어른들에게 인사를 올리고 이야기를 시작했습니다.

"봄에 한 농부가 밭에 수수 씨를 뿌렸는데, 바람이 불어서 수수 씨 몇 알이 옆집 밭으로 날아가 싹을 틔우고 자랐습니다.

그러면 가을에 추수할 때 그 수수는 누구네 수수이겠습니까?"

모인 사람들은 너도나도 '옆집 수수'라고 말했습니다. 그러자 김 씨는 슬며시 일어나 고개를 숙이고 자기 집으로 돌아갔답니다.

1 아들의 이야기를 듣다가 김 씨는 자기 집으로 돌아갔습니다. 왜 그랬을까요? 이유라고 짐작되는 것들을 모두 적어 보세요.

2 만약에 내가 이씨가 키운 아들이라면 어떤 방법을 쓸까요? 그 아들이 쓴 방법 말고 다른 방법들을 다양하게 생각해 보세요.

오늘의 댓글은 부모님에게 부탁하세요.

아니라면 어쩔래?

조퇴하고 싶은 날
(상황 추측하기)

1. 6학년 남학생이 칠판에 이런 편지를 써 놓고 집에 갔답니다. 무슨 까닭이 있었을까요? 추측되는 이유들을 모두 적어 보세요.

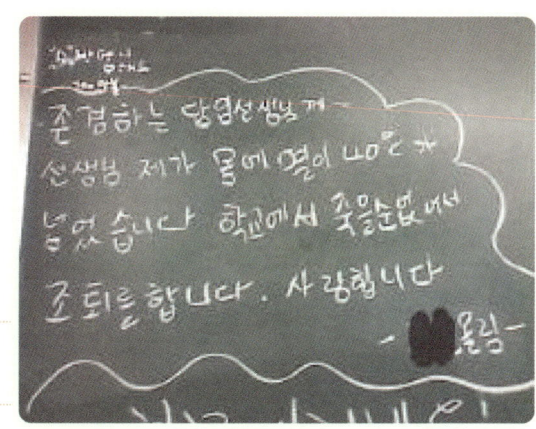

2. 선생님은 칠판의 편지를 보고 어떤 말을 하셨을까요?

짝꿍의 댓글을 받아 보세요.

수수께끼 만들기

(추측하며 생각하기)

17day

다음은 초등학생들 사이에 널리 퍼진 수수께끼입니다. 오늘은 가족 모두가 수수께끼를 하나씩 만들어 보세요.

별 중에 가장 슬픈 별은? _____ (답 : 이별)

입방아를 찧어 만든 떡은? _____ (답 : 쑥떡)

1 내가 만든 수수께끼

_____ (답 :   )

2 아빠가 만든 수수께끼

_____ (답 :   )

3 엄마가 만든 수수께끼

_____ (답 :   )

4 _____가 만든 수수께끼

_____ (답 :   )

수수께끼를 좋아하는 사람의 댓글을 받아 보세요.

18day

나는 요즘
(문장으로 요약하기)

나는 요즘 어떤 생활을 하고 있나요? 다음 질문에 간단하게 답하면서 나를 관찰해 보세요. 요즘의 나는 과연 어떤 아이일까요?

- 요즘 나는 무엇을 자주 먹나요?
- 요즘 나는 무슨 방송 프로그램을 자주 보나요?
- 요즘 나는 무슨 노래를 자주 부르나요?
- 요즘 나는 무슨 일에 가장 많은 시간을 보내나요?
- 요즘 나는 용돈을 어디에 가장 많이 사용하나요?
- 요즘 나는 어떤 책을 보나요?
- 요즘 나는 어떤 친구와 노나요?
- 요즘 나는 어떤 생각을 많이 하나요?

위의 내용을 참고하여 요즘의 나를 한 문장으로 요약해 보세요.

나는 _____ 아이입니다.

오늘의 댓글을 쓰고 싶은 분은 누구일까요? 아마 부모님일 거예요.

두뇌에게 전화 걸기
(질문 만들기)

"오늘 학교에서 몇 번 질문했니?"

어떤 엄마들은 이렇게 질문합니다. 아이가 "질문 안 했어요." 하면 그런 엄마들은 크게 실망한답니다. 왜냐하면 '질문은 두뇌에게 거는 전화'이기 때문이죠. 질문을 안 한 날은 두뇌가 쉬고 있었을 게 틀림없으니까요.

여러분은 오늘 무슨 질문을 몇 번 했나요? 오늘 한 질문을 적어 보면 내 두뇌가 얼마나 생각을 활발하게 했는지 알 수 있답니다.

1 선생님께 어떤 질문들을 했나요?

2 부모님께 어떤 질문들을 했나요?

질문을 잘하는 친구의 댓글을 받아 보세요.

20day

시험 문제 내기
(중심 내용 뽑기)

학생들이 낸 시험 문제로 시험을 보는 학교가 있습니다. 선생님은 학생들이 낸 문제 중에서 가장 좋은 것을 뽑기만 한답니다. 어느 학교냐고요? 전학 가고 싶다고요?

그렇다고 누구나 100점을 맞는 것은 아닙니다. 자기가 낸 시험 문제가 당첨된 학생뿐이죠. 어떻게 하면 당첨되냐고요? 그건 중심 내용 뽑기 실력입니다. 선생님들은 중심 내용이 아닌 것은 시험에 내지 않거든요.

오늘은 선생님처럼 시험 문제 내기입니다. 교과서를 펴고 이번 달에 배운 내용을 천천히 읽어 보세요. 그리고 정말 중요하다고 생각되는 내용을 뽑아 시험 문제로 만들어 보세요.

선생님의 댓글을 받을 수 있다면 얼마나 좋을까요?

고구마, 고구마
(경험 속 소재 찾기)

"쓸 거리가 없어요!"

어디서 많이 들어본 소리지요? 학교에서 글쓰기 시간이 되면 바로 여러분이 하는 소리입니다. 지금 우리나라 어린이 대부분이 쓸 거리가 없다고 야단입니다. 쓸 거리는 하늘에서 떨어치는 게 아니라 자신의 경험에서 나옵니다. 경험을 떠올려 보면 쓸 거리가 "저요! 저요!" 하고 손을 든답니다.

다음 문제를 읽고 경험을 떠올려 보세요. 그리고 그 경험을 쓸 거리로 삼아 고구마에 대한 나의 생각을 써 보세요.

1. 고구마의 모양, 색깔, 맛은? _____

2. 고구마에 얽힌 나의 추억은? _____

_____

_____

3. 고구마와 관련되어 생각나는 사람은? _____

_____

_____

고구마를 좋아하는 사람의 댓글은 어떨까요?

22day

다섯 송이 식당
(다양하게 생각하기)

어느 식당에 갑자기 손님이 많아졌습니다. 궁금해진 이웃 사람이 주인에게 그 비결을 물었지요. 그러자 주인은 빙그레 웃으며 식당의 간판과 식당 문 앞에 걸려 있는 꽃다발을 가리켰습니다. 꽃다발에는 꽃이 여섯 송이가 있는데, 간판에는 '다섯 송이 식당'이라고 쓰여 있었답니다.

이 식당에 손님이 많아진 이유는 무엇일까요? 여러분이 기자가 되어 손님들을 인터뷰해 보세요. 그리고 손님들이 어떤 말을 했을지 상상하여 써 보세요.

기자 : 여러분, 이 식당에 왜 들어오셨지요? 옆에도 식당이 많은데요.

손님들 : 간판 때문에요. 간판요!

기자 : 간판을 보고 무슨 생각을 했는지, 좀 자세하게 말씀해 주실까요?

● 손님 1 : _____

● 손님 2 : _____

● 손님 3 : _____

● 손님 4 : _____

상상력이 풍부한 친구의 댓글을 받아 보세요.

토끼는 왜 달렸을까?
(낱말 뜻 추측하기)

푸른 강가에 자리 잡은 야자나무 숲 속에 토끼네 가족이 살고 있었습니다. 어느 날 밤에 잘 익은 야자열매가 '풍덩!' 하며 강물로 떨어지자, 겁 많은 토끼들은 깜짝 놀라 달아나기 시작했어요. 옆집에 사는 여우가 나와서 물었어요.

"왜 도망가니?"

"큰일 났어. 큰 짐승들이 쳐들어오고 있어."

토끼들이 겁에 질려 말했어요.

"엉? 큰 짐승이?"

그래서 여우도 함께 뛰었어요.

"어디 가니?"

늑대가 자다 말고 나와서 물었어요. 그러나 토끼와 여우가 정신없이 달아나는 것을 보고 늑대도 뛰었지요. 이렇게 해서 숲 속에 사는 사슴, 노루, 곰, 기린, 코끼리, 그리고 호랑이까지 덩달아 뛰기 시작했어요.

"자네들 어딜 그렇게 가나?"

사자가 줄지어 뛰어가는 짐승들을 보고 물었습니다.

"글쎄, 코끼리가 뛰어가기에."

호랑이가 말했어요.

"난 기린이 뛰어가기에."

"난 곰이 뛰어가기에."

"난 노루가 뛰어가기에."

"난 사슴이 뛰어가기에."

"난 늑대가 뛰어가기에."

"난 여우가 뛰어가기에."

"난 토끼가 큰일 났다고 하기에."

모두들 토끼를 바라보았습니다.

"우리가 자고 있는데 강물에서 큰 소리가 났어요. 그래서 도망쳤어요."

토끼가 말했습니다. 바로 그때 강물에서 '풍덩!' 하는 소리가 들렸어요.

"저, 저 소리예요!"

토끼가 벌벌 떨면서 말했어요. 그래서 모두 강으로 달려가 보니, 야자열매가 '풍덩!' 하는 소리를 내며 떨어지고 있었습니다. 그래서 모두 배를 쥐고 웃었어요. 사자도 히죽히죽 웃으며 짐승들에게 말했어요.

"잘 알아보지도 않고 놀란 토끼는 경솔하고, 남이 뛰어가니까 덩달아 뛰어간 너희들은 줏대 없는 것들이야."

– 불교 설화에서

1 사자가 말한 '줏대 없는 것들'이란 무슨 뜻일까요? '줏대 없는'과 비슷한 뜻의 낱말과 반대말을 모두 알아보세요.

비슷한 말 : _____

반대말 : _____

2 이 이야기를 지은 사람은 무슨 말을 하고 싶어서 이런 이야기를 지었을까요? 이야기 속에 들어 있는 중심 생각을 찾아 요약해 보세요.

_____

_____

국어 공부를 잘하는 친구의 댓글을 받아 보세요.

상상의 안경을 써 봐요

24day

부엌에서 나는 소리들
(생생하게 꾸미기)

다음은 부엌에서 보고 들을 수 있는 것들입니다. 소리흉내말과 모양흉내말, 느낌흉내말을 사용하여 생생하게 표현해 보세요.

- 오이를 만지면 : _____
- 밀가루를 만지면 : _____
- 가지를 만지면 : _____
- 깍두기 써는 소리 : _____
- 빈대떡 부치는 소리 : _____
- 된장찌개 끓는 소리 : _____
- 완두콩의 모양 : _____
- 애호박의 모양 : _____
- 고구마의 모양 : _____

엄마나 할머니의 댓글을 받아 보세요.

우리나라 지도

(생생하게 쓰기)

25day

> 우리나라 지도입니다. 내가 가 본 곳에는 동그라미를, 가 보고 싶은 곳에는 세모를 치세요.

백두산
함경북도
함경남도
평안북도
평안남도
금강산
황해도
강원도
서울
경기도
충청북도
경상북도
충청남도
전라북도
경상남도
울릉도
독도
전라남도
제주도

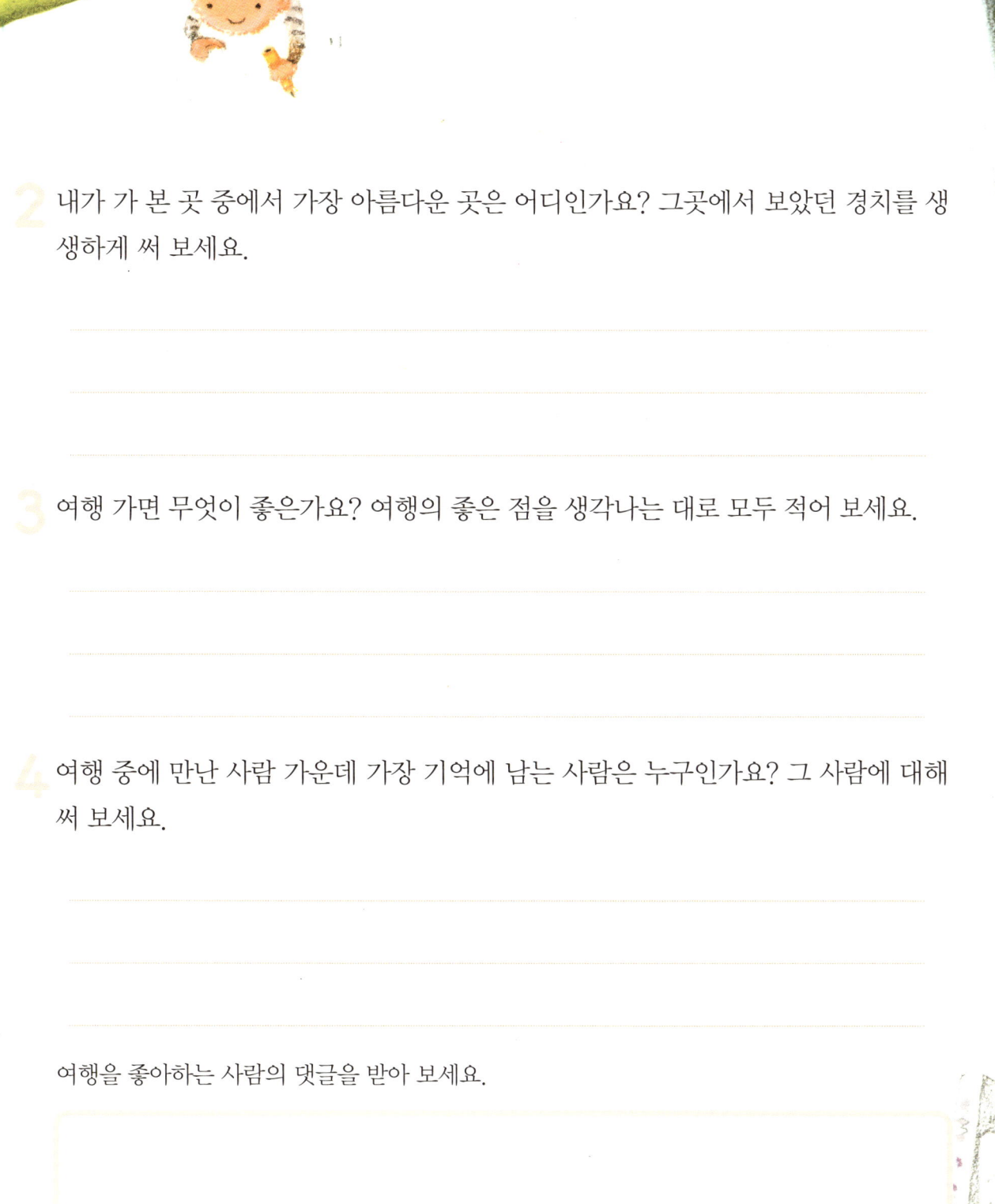

2 내가 가 본 곳 중에서 가장 아름다운 곳은 어디인가요? 그곳에서 보았던 경치를 생생하게 써 보세요.

3 여행 가면 무엇이 좋은가요? 여행의 좋은 점을 생각나는 대로 모두 적어 보세요.

4 여행 중에 만난 사람 가운데 가장 기억에 남는 사람은 누구인가요? 그 사람에 대해 써 보세요.

여행을 좋아하는 사람의 댓글을 받아 보세요.

마음에 드는 구절

(판단하기)

26day

오늘은 여러분이 읽은 책 중에서 마음에 드는 구절을 골라서 적어 보세요. 그리고 왜 마음에 드는지 이유도 적어보세요.

1 마음에 드는 구절 :

2 마음에 드는 이유 :

오늘은 독서를 좋아하는 친구의 댓글을 받아 보세요.

내 어휘 실력은?
(낱말 만들기)

다음과 같은 방법으로 낱말을 만들어 보세요.

활	소금	산	나무	새
자루	밥	상	꽃	물
손	통	자	쌀	사과
감	책	그늘	학	병
색	똥	밭	공	밤

책 + 상 = 책상

나는 몇 개의 낱말을 만들 수 있을까요? 맘껏 만들어 보세요.

국어 공부가 제일 쉽다는 친구의 댓글을 받아 보세요.

047

어려운 것도 쉽게
(예를 들어 설명하기)

28day

어려운 것을 설명할 때는 예를 들어 설명하면 좋아요. 다음 빈칸에 알맞은 예를 채워서 쉬운 글로 만들어 주세요.

● 나는 과일을 좋아한다. 예를 들면 딸기, 참외, 사과, 배, 수박을 좋아한다.

● 5월에는 쉬는 날이 많다. 예를 들면 _____

_____

● 우리 조상들은 많은 전래 동화를 남겼다. 예를 들면 _____

_____

● 우리 할머니는 전통 음식을 잘 만드신다. 예를 들면 _____

_____

● 나는 요즘 책 읽기에 푹 빠졌다. 예를 들면 _____

_____

● 나는 요즘 _____ 에 푹 빠졌다. 예를 들면

_____

책 읽기를 좋아하는 친구의 댓글을 받아 보세요.

29day

생각의 불꽃을 당겨라
(순발력 기르기)

여러분의 두뇌는 질문을 받으면 바로 여러 가지 답이 "저요! 저요!" 하나요? 만약에 그렇다면 여러분의 생각 창고는 활동 중입니다. 그러나 질문을 받았을 때 생각이 잘 나지 않는다면 생각 창고가 잠자고 있는 중이랍니다.

오늘은 여러분의 두뇌에게 전화를 걸어 보겠습니다. 여러분의 생각 창고가 얼마나 활동을 하고 있는지 확인해 보세요.

- 세상에서 가장 빠른 것은?
- 그러면 세상에서 가장 느린 것은?
- 세상에서 가장 큰 것은?
- 그러면 세상에서 가장 작은 것은?
- 세상에서 가장 깨끗한 것은?
- 그러면 세상에서 가장 더러운 것은?
- 우리 눈이 두 개인 이유는?
- 여자와 남자가 결혼하는 이유는?

오늘은 삼촌이나 고모, 이모의 **댓글**을 받아 보세요.

소중한 사람들
(내 마음 전하기)

30day

여러분은 지금 가족과 친구들에게 둘러싸여 살고 있습니다. 그들은 모두 소중한 사람들입니다. 지금 나에게 소중한 사람들이 누군지 이름을 적어 보세요.

- 내 이름을 제일 많이 불러 주는 사람은 누군가요?
- 나를 가장 좋아하는 사람은 누군가요?
- 나를 가장 잘 아는 사람은 누군가요?
- 나와 이야기를 가장 많이 하는 사람은 누군가요?
- 나에게 웃는 얼굴을 가장 많이 보여 주는 사람은 누군가요?
- 나를 제일 기분 좋게 해 주는 사람은 누군가요?
- 요즘 나와 가장 많은 시간을 보내는 사람은 누군가요?
- 나를 편안하게 해 주는 사람은 누군가요?
- 나를 가장 믿어 주는 사람은 누군가요?
- 내가 아프면 가장 마음이 아픈 사람은 누군가요?
- 내가 잘못했을 때 따끔하게 야단쳐 주는 사람은 누군가요?
- 나와 비슷한 생각을 하는 사람은 누군가요?
- 내가 잘되기를 가장 바라는 사람은 누군가요?

● 앞의 질문지에 이름이 가장 많이 적힌 사람은 누군가요? 그 사람에게 감사의 편지를 써 보세요.

_____
_____
_____
_____
_____
_____
_____
_____
_____

오늘의 댓글은 편지를 받을 사람에게 부탁해야겠지요?

아버지의 유산
(추측하여 생각 쓰기)

31day

    옛날 어느 마을에 게으른 두 아들 때문에 골치를 앓는 아버지가 살았습니다. 큰 아들은 머리는 좋으나 공부하기를 싫어했고, 작은 아들은 힘은 세나 일하기를 싫어했습니다. 그래서 아버지는 어떻게 하면 아들들이 '사람 구실을 할 수 있을까.' 궁리하고 또 궁리했지요.

    '내가 죽으면 내 아들들은 어떻게 될까? 내 아들들에게 살길을 마련해 주어야 할 텐데……'

    세월이 많이 흐르고 아버지도 늙어서 병이 들었습니다.

    "큰애야, 내가 너에게 줄 유산을 저 책 속에 넣어 놓았단다. 찾아서 요긴하게 쓰도록 하여라."

    "네, 아버지 감사합니다."

"둘째야, 네게 줄 것은 저 밭 속에 묻어 놓았단다. 찾아서 잘 쓰도록 하여라."
"네, 아버지 감사합니다."
유언을 마친 아버지는 조용히 숨을 거두었습니다.
아버지가 돌아가시고 난 다음에 두 형제는 아버지가 물려주신 유산을 찾기 위해 방과 밭으로 갔습니다. 큰아들은 책장에 꽂혀 있는 책들을 샅샅이 뒤져보았지만, 아무것도 나오지 않았습니다. 큰아들은 매우 실망하였지만, 이 책 저 책 뒤지다가 재미있는 이야기들을 보게 되었습니다. 그래서 그것들을 읽다 보니 책 읽기에 마음이 쏠려 공부가 재미있어져 과거 시험까지 보게 되었지요. 과거에 급제한 다음에야 큰아들은 아버지가 물려주신 유산이 무엇인지 알게 되었습니다.
"아버지, 아버지의 유산이 무엇인지 깨달았습니다. 아버지, 감사합니다."
밭으로 간 작은아들도 아버지의 유산을 찾기 위해 열심히 땅을 파헤쳤지만 아무것도 찾을 수 없었습니다.
"후유! 공연히 힘만 뺐네. 가만히 있자, 기왕 파 놓은 땅이니 곡식이나 심어 볼까?"
그렇게 생각하며 작은아들은 밭에다 여러 가지 씨앗을 뿌렸습니다. 곡식들은 무럭무럭 자랐습니다. 그리고 가을이 되자 몇 천 배, 몇 만 배의 곡식이 되어 작은아들을 부자로 만들어 주었습니다. 그래서 작은아들도 아버지가 물려주신 유산이 무엇인지 깨닫게 되었습니다.
"아버지, 아버지의 유산이 무엇인지 깨달았습니다. 아버지, 감사합니다."

1 만약에 아버지가 죽을 때 금은보화를 물려주었다면, 아들들은 어떻게 되었을까요?
추측하여 얻은 생각들을 아래에 적어 보세요.

①
②
③
④

2 아버지는 왜 금은보화를 아들들에게 직접 주지 않았을까요? 아버지의 입장이 되어
그 이유를 네 가지만 말해 보세요.

①
②
③
④

3 내가 아버지라고 생각하고, 게으른 아들들을 부지런하고 지혜로운 인물로 만들 수
있는 방법들을 생각해 보세요.

①
②
③

4 다음은 아버지가 남긴 유산이 무엇인지 두 아들이 깨닫는 장면입니다. 내가 동화 속의 큰아들, 작은아들이 되어 다음 편지의 내용을 완성해주세요.

① 큰아들 : 아버지의 유산은 바로

아버지, 감사합니다.

② 작은아들 : 아버지의 유산은 바로

아버지, 감사합니다.

할아버지나 아빠에게 댓글을 부탁하면 기뻐하실 거예요.

둘째 달 : 생각을 모아라

너,
일 년에 두 번
방학이 왜 있는지 아니?
평소에 뒤떨어진 공부를
한꺼번에 몰아서 하는 달이라고?

아니야, 아니야.
방학은 공부하는 달이 아니야.
생각을 모으는 달이야.
그동안 학교 공부에 밀려서
차분히 생각하지 못했던 것들을 다 꺼내 놓고
쓸 만한 생각들을 고르는 달이야.

"배우기만 하고 생각하지 않으면 발전이 없고,
생각만 하고 배우지 않으면 잘못된 길로 빠진다."
이건 공자님 말씀이야.
배운 다음에는 반드시 생각하는 시간이
필요하다는 뜻이지.

공자님도 우리처럼 방학을 좋아하셨나?

01day
꽃들에게 들은
이야기
(관찰하기)

08day
마법의 설탕
두 조각
(독서 감상문 쓰기)

15day
만약에 나라가
없다면?
(영화 감상문 쓰기)

22day
톡톡 튀는
가게 이름
(이름 짓기)

29day
나의 생각하기
점수는?
(판단하기)

02day 생각의 고향 (독서 이력서 쓰기)	**03day** 시원해지는 방법 (상상해서 쓰기)	**04day** 견우직녀를 행복하게 (새로운 이야기 짓기)	**05day** 동그란 이유 (이유 생각하기)	**06day** 속담으로 말해요 (경험으로 판단하기)	**07day** 나도 신문 기자 (사실대로 쓰기)
09day 왜 안 뽑히는 거지? (상상하여 쓰기)	**10day** 어떻게 그런 생각이? (추리력 기르기)	**11day** 무슨 일이 생겼을까? (추측하여 쓰기)	**12day** 할아버지 댁에서 (들은 대로 쓰기)	**13day** 엄마가 어렸을 때 (동화처럼 쓰기)	**14day** 말투가 사람이야 (원인과 결과 찾기)
16day 틀에서 벗어나기 (엉뚱하게 생각하기)	**17day** 선생님 칭찬하기 (편지 쓰기)	**18day** 아빠가 나만 했을 때 (동화처럼 쓰기)	**19day** 엄마는 몰라요 (이야기로 표현하기)	**20day** 자연의 소리 (생생하게 전하기)	**21day** 불을 끄고 별을 켜자 (상상하기)
23day 가시철조망을 만든 목동 (원인과 결과 찾기)	**24day** 신발 한 짝 (입장 바꿔 생각하기)	**25day** 구름도 이름이 있네 (짧은 글 짓기)	**26day** 개학날 (일기거리 찾기)	**27day** 마음의 집 (고백하는 글 쓰기)	**28day** 꼬리에 꼬리를 무는 낱말들 (끝말잇기)
30day 둠디둠둠 푸른 도깨비 (문제 해결하기)	**31day** 네 목소리를 들으면 (분석하며 생각하기)				

동글동글한 생각끼리

01 day

꽃들에게 들은 이야기
(관찰하기)

세상일이 궁금하여
담장에 줄을 매고 올라가
넘어다본다.

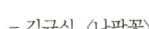
- 김규식, 〈나팔꽃〉

    줄을 감고 올라가 담장 밖을 보고 있는 나팔꽃을 본 적이 있지요? 그때 여러분은 어떤 생각을 했나요? 오늘은 '바람에 몸을 흔드는 꽃들'을 관찰하고 생각해 봅시다. 꽃들이 몸을 흔드는 이유가 뭘까요? 이유를 한 가지만 생각하는 어린이보다는 여러 가지를 생각할 수 있는 어린이가 '생각 부자'랍니다.

꽃들이 몸을 흔드는 이유는?

1. 그건 그건, 꽃들끼리 이야기하는 거야.

2. 그건 그건,

3. 그건 그건,

4. 그건 그건,

오늘은 부모님 중, 더 상상력이 높은 분의 댓글을 받아 보세요.

생각의 고향
(독서 이력서 쓰기)

02day

내 머릿속에는 어떤 생각들이 살고 있을까? 친구와 나는 왜 서로 다른 생각을 할까? 이런 것은 병원에서 엑스레이 촬영을 해도 나오지 않습니다. 그러나 독서 이력서를 써 보면 나옵니다.

오늘의 생각 일기는 '독서 이력서' 쓰기입니다. 이제까지 읽은 책 중에서 가장 좋아하는 책 다섯 권을 골라 제목과 내용을 간단하게 써 보세요. 여러분의 '독서 이력서'에는 어떤 종류의 책이 많을까요? 명작 동화? 위인전? 마법 판타지? 가장 많은 종류의 책이 바로 여러분의 생각의 고향이죠.

	제목	중심 생각
1		
2		
3		
4		
5		

오늘은 부모님이나 선생님께 댓글을 부탁하세요.

시원해지는 방법
(상상해서 쓰기)

겨울을 상상해 보세요. 눈이 오고 얼음이 얼고, 사람들은 손을 호호 불며 종종걸음을 치지요. 추운 겨울에 경험했던 일을 회상하며 짧은 글을 지어 보세요. 한겨울 속에 있듯이 시원해질지도 몰라요.

- 눈사람 :
- 함박눈 :
- 빙판길 :
- 스케이트 :
- 살얼음판 :
- 살을 에는 듯한 :
- 칼바람 :
- 콜록콜록 :

어휘력이 풍부한 사람의 댓글이 좋겠군요.

견우직녀를 행복하게
(새로운 이야기 짓기)

04day

　'칠석날' 하면 '견우직녀'가 생각나고, '견우직녀' 하면 '오작교'가 생각나지요. 견우직녀는 하늘나라 임금님의 노여움을 사서 은하수 이쪽저쪽으로 헤어져 살다가 일 년에 딱 한 번만 만난다는 전설 속의 슬픈 부부죠. 그런데 은하수에 다리가 없어 까치들이 오작교를 만들어 주어야 만날 수 있답니다. 그래서 칠석날에 내리는 비는 기쁨의 눈물이고, 다음날 내리는 비는 이별의 눈물이랍니다.

　견우직녀 이야기는 너무 슬퍼요. 행복한 견우직녀로 만들어 줄 수는 없을까요? 자, 칠석날 만난 견우직녀가 이별하지 않고 함께 살게 되는 이야기로 바꾸어 주세요.

오늘은 부부이신 엄마, 아빠의 댓글을 받아 보세요.

05day

동그란 이유
(이유 생각하기)

세상에는 동그란 것이 많아요. 해, 달, 지구, 알, 씨앗……. 그런데 이런 것들은 왜 모두 동그랗게 생겼을까요? 동그란 것에 숨겨진 깊은 뜻을 찾아보세요.

1. 달걀, 새알은 왜 동글동글하게 생겼을까요? 왜 네모나 세모가 아닐까요? 이유들을 생각해 보세요.

   ① _____

   ② _____

2. 축구공, 농구공, 야구공 등 공들은 왜 동그랗게 생겼을까요?

   ① _____

   ② _____

3. 씨앗들은 왜 동글동글하고 단단한 껍질에 싸여 있을까요?

   ① _____

   ② _____

오늘의 댓글은 머리가 좋은 사람에게 받아 보세요.

속담으로 말해요
(경험으로 판단하기)

　우리 조상님들은 날씨에 대한 속담을 많이 만들었어요. 그건 조상님들이 경험으로 얻은 지혜를 자손들에게 전해 주기 위해서랍니다. 오늘은 할머니, 할아버지와 함께 다음 빈칸을 채워 보세요.

1 날씨가 맑을 징조를 가르쳐 주는 속담

① 아침에 새가 지저귀면 날이 맑다.
②
③

2 비 올 징조를 가르쳐 주는 속담

① 청개구리가 울면 비가 온다.
②
③

3 풍년의 징조를 가르쳐 주는 속담

① 겨울에 눈이 많이 오면 풍년이 든다.
②
③

할머니, 할아버지의 댓글을 받아 보세요.

07day

나도 신문 기자
(사실대로 쓰기)

오늘 우리나라에서 일어난 기쁜 사건은 무엇인가요? 신문이나 텔레비전에 나온 사건의 내용을 가지고 생생한 뉴스 기사를 만들어 보세요.

- 언제 : _____
- 누가 : _____
- 어디서 : _____
- 무엇을 : _____
- 왜 : _____
- 어떻게 : _____

위에 적은 사건의 핵심을 가지고 어린이 신문에 낼 기사를 써 보세요.

_____
_____
_____
_____
_____

오늘의 댓글은 부모님에게 부탁하세요.

마법의 설탕 두 조각
(독서 감상문 쓰기)

08day

○○초등학교 정지혜

'선생님은 왜 독서 감상문을 쓰라고 하실까? 그냥 책만 읽으면 좋은데.' 나는 다른 날처럼 이런 생각을 하며 책을 읽기 시작했다. 그런데 한 장 두 장 읽어 나가면서 나는 책 속에 빠져들게 되었다. 세상에 나와 똑같은 생각을 하는 렝켄이란 아이를 책 속에서 만났기 때문이다. 한국 아이가 아닌 독일 아이인데, 나와 똑같은 생각을 하고 있었다. 그 아이도 명령만 하고 '안 돼!'라고 말하는 엄마, 아빠를 혼내 주고 싶다는 생각을 하고 있었던 것이다.

렝켄은 엄마, 아빠를 혼내 주기 위하여 요정을 찾으러 떠났다. 그런데 재수 좋게도 요정이 살고 있는 곳을 알게 되었다. 요정 아주머니는 렝켄에게 마법의 설탕 두 조각을 주면서 엄마, 아빠에게 먹이면 작아져서 너를 혼내 줄 수 없다고 말해 준다. 그 설탕을 먹고 엄마, 아빠는 아주 작은 사람이 되었다. 렝켄은 처음에는 좋았으나 점점 불편해졌다. 그래서 요정에게 찾아가 엄마, 아빠를 다시 크게 해 달라고 부탁한다. 그리고 전과 같은 가정 속에서 행복하게 살아간다는 이야기다.

책을 다 읽고 나자 등에 땀이 쭈욱 흘렀다. 엄마, 아빠가 작아져서 고양이 앞에서 벌벌 떨고 성냥갑 속에 보관하는 장면은 너무 끔찍했다. 책을 다 읽고 엄마에게 가 보았다. 엄마는 부엌에서 시금치를 다듬고 계셨다.

"엄마 설탕 먹지 마!"
"그래, 걱정하지 마.

요즘 자꾸 살이 쪄서 이제 설탕 안 먹기로 했다."
 나는 엄마의 등에 기대어 생각했다. 잔소리를 좀 해도 나보다 큰 엄마가 있어야 한다고. 선생님은 왜 이런 책을 읽어 오라는 숙제를 내신 것일까?

지혜의 독서 감상문을 참고하여 나의 독서 감상문을 다음과 같은 순서로 써 보세요.

● 최근에 어떤 책을 읽었나요?

● 책의 제목을 보았을 때의 첫 느낌은?

● 줄거리를 요약해 보세요.

● 주인공과 나의 다른 점이 있다면 무엇인가요?

_____
_____
_____
_____

● 그 책은 나에게 무엇을 가르쳐 주었나요?

_____
_____
_____
_____

● 그 책을 누구에게 권해 주고 싶은가요? 이유도 함께 써 보세요.

_____
_____
_____
_____
_____
_____

● 앞에 적은 것을 참고하여 독서 감상문을 멋지게 써 보세요.

가족 중에서 가장 독서를 좋아하는 분의 댓글을 받아 보세요.

반듯반듯한 생각끼리

왜 안 뽑히는 거지?
(상상하여 쓰기)

다음 그림 만화를 보고 동화를 써 보세요. 대화가 많이 들어가는 동화로 만들어 주세요.

출처 : 우리누리 글, 윤정주 그림, 《상상력을 키워주는 그림만화》 (세상모든책)

_____

_____

_____

_____

상상력이 풍부한 친구에게 댓글을 부탁하세요.

어떻게 그런 생각이?
(추리력 기르기)

"어린이는 일주일에 한 번만 오세요."

맥도날드 프랑스 지사에서는 '즉석 음식이 어린이 비만을 부추긴다.'는 연구 발표가 있자, 가게에다 이런 문구를 내걸었답니다. 그래서 프랑스 어린이들은 일주일에 한 번밖에 맥도날드에 갈 수 없게 되었대요. 그런데 이상한 것은 프랑스에서 맥도날드의 판매량이 그전보다 더 늘었다는 사실입니다.

1 더 많이 사 먹게 된 이유는 무엇일까요? 프랑스 어린이가 되어 사 먹은 이유들을 다양하게 써 보세요.

① _____
② _____
③ _____

2 더 많이 팔리게 된 이유는 무엇이라고 생각하나요? 맥도날드 사장님의 마음이 되어 그 이유들을 추측해 보세요.

① _____
② _____
③ _____

오늘의 댓글은 착한 마음을 가진 사람에게 부탁하세요.

11day
무슨 일이 생겼을까?
(추측하여 쓰기)

왼쪽 그림 속에는 재미있는 이야기가 들어 있습니다. 그림 속의 아이에게 무슨 일이 있었기에 저러는 것일까요? 그림 속에서 읽은 이야기를 꺼내어서 알려 주세요. 자세하고 생생하게 쓰면 더욱 재미있어요.

짝꿍에게 댓글을 부탁해 보세요.

할아버지 댁에서
(들은 대로 쓰기)

할아버지, 할머니가 가장 좋아하시는 게 뭔 줄 아세요? 그건 할아버지, 할머니의 어린 시절 이야기를 들려 달라고 졸라 대는 것이랍니다. 그러면 처음에는 좀 빼는 척하시지만 곧 못 이기는 척하며 이야기를 시작하신답니다.

오늘의 생각 일기는 할아버지, 할머니에게 들은 이야기 쓰기입니다. 멀리 계시면 전화로 여쭈어 보고 쓰세요. 나의 생각을 보태지 말고 들은 대로 써 보세요.

오늘의 댓글은 부모님에게 받는 게 좋겠어요.

13day

엄마가 어렸을 때
(동화처럼 쓰기)

  엄마가 나만 했을 때는 어떤 아이였을까요? 그걸 아는 사람은 외할아버지, 외할머니밖에 없어요. 오늘은 외할머니나 외할아버지께 엄마의 어린 시절을 여쭈어 보세요. 엄마가 어린 시절에 잘 못한 것도 슬쩍 물어 보세요. 혹시 우리가 모르는 엄마의 비밀이 있을지도 몰라요. 공부를 못했다든가 말썽꾸러기였을지 누가 알아요?
  우리 엄마는 어떤 아이였을까요? 들은 대로 써도 되지만, 동화처럼 쓰면 더욱 재미있지요.

오늘의 댓글은 아빠에게 받는 게 좋겠지요?

말투가 사람이야
(원인과 결과 찾기)

"속상해 죽겠네.", "할 수 없지 뭐.", "오케이."
 누가 이런 말을 하루에 열 번 이상 한다면 그것은 그 사람의 말투랍니다. 말투를 보면 그 사람의 마음이 보이고, 그 사람의 생각이 보이고, 그 사람의 미래가 보입니다. 그런데 한번 굳어진 말투는 고치기가 힘들어요.
 여러분에게는 어떤 말투가 있나요? 말투를 통해 마음속을 들여다보세요.

1 엄마의 굳어진 말투 : _____

　① 왜 이런 말투가 생겼을까?

　② 지금 엄마의 마음은?

2 아빠의 굳어진 말투 : _____

　① 왜 이런 말투가 생겼을까?

　② 지금 아빠의 마음은?

3 나의 말투 : _____

　① 왜 이런 말투가 생겼을까?

　② 지금 나의 마음은?

오늘은 엄마, 아빠의 댓글을 받으세요.

15day 만약에 나라가 없다면?

(영화 감상문 쓰기)

광복절(光復節)은 일본으로부터 우리나라를 다시 찾은 날입니다. 그날 우리나라 국민들은 기쁨의 눈물을 흘리며 목이 터져라 "대한 독립 만세!"를 불렀지요.

나라가 없다면 얼마나 슬플까요? 오늘은 일제 강점기를 다룬 영화를 한 편 보고, 영화 감상 일기를 써 보세요. 영화 감상 일기는 영화의 줄거리, 영화가 전하는 중심 생각, 영화를 보고 얻은 감동과 깨달음, 잊을 수 없는 장면 등을 쓰면 됩니다.

영화를 같이 본 사람에게 댓글을 부탁하세요.

틀에서 벗어나기
(엉뚱하게 생각하기)

네덜란드의 한 도시는 쓰레기를 함부로 버리는 시민들 때문에 매우 지저분했어요. 그래서 '시민들이 쓰레기를 통 속에 버리게 하는 방법'에 대한 회의가 열렸어요. 그 결과 '쓰레기통이 더 많으면 된다.'는 결론을 얻었어요. 시청은 많은 돈을 들여 쓰레기통을 세 배나 더 만들어 거리마다 두었어요. 그러나 효과가 없었어요. 시민들은 여전히 아무 데나 쓰레기를 버렸어요.

다음 회의에서는 벌금을 물리자는 의견이 채택되었어요. 그래서 쓰레기 버리는 시민을 잡기 위하여 많은 경찰관을 배치시켰지요. 그러나 어느새 버리는지 쓰레기는 줄어들지 않았어요.

세 번째 회의가 열렸을 때, 한 직원이 '차라리 상을 주면 어떨까요?'라는 의견을 내놓았어요.

"아니 뭐라고요? 벌을 주어도 시원찮은데 상을 줘요?"

사람들이 고개를 저었죠.

"잠깐! 상식에서 벗어나는 아이디어라고 무조건 반대하지 맙시다. 그 아이디어를 발전시키면 좋은 방법이 나올 것 같아요. 좀 더 생각해 봅시다."

한 사람의 의견에 따라 사람들은 엉뚱한 아이디어를 단서로 '인사하는 쓰레기통'을 만들어 거리 곳곳에 두었습니다.

"안녕하세요? 고맙습니다. 오늘 날씨 참 좋죠? 제가 재미있는 이야기 하나 해 드릴까요?"

인사하는 쓰레기통이 등장하자 시민들은 인사를 받고 이야기도 듣고 싶어서 남녀노소 할 것 없이 거리의 쓰레기를 주워 쓰레기통 속에 넣게 되었습니다.

1 우리 가족이나 동네 사람들에게 고쳐지지 않는 습관은 무엇인가요?
그 문제들을 적고 그중에서 가장 시급한 것을 하나만 골라 보세요.

2 이 문제를 고치기 위하여 그동안 사용했던 방법들을 적어 보세요.

3 내가 낸 아이디어를 엄마, 아빠, 형제들에게 보여주세요. 그리고 가장 인기 있는 아이디어를 구체화시켜 보세요. 그림까지 그려서 아이디어를 완성해 보세요.

한 동네에 사는 친구의 댓글을 받아보세요.

톡톡 튀는 생각끼리

17day

선생님 칭찬하기
(편지 쓰기)

　선생님은 지금 무얼 하실까? 책을 보실까? 음악을 들으실까? 영화 감상을 하실까? 오늘은 선생님 소식을 알아보기로 해요. 먼저 선생님께 전화를 걸어 보세요. 만약에 수줍은 어린이라면 편지를 써도 됩니다. 편지에는 선생님의 좋은 점을 꼭 하나 쓰기예요. 그리고 예쁜 종이에 다시 정리해 우체통에 넣어 주세요.

오늘의 댓글은 부모님께 부탁하세요.

아빠가 나만 했을 때
(동화처럼 쓰기)

오늘은 아빠의 어린 시절 알아보기입니다. 우리 아빠는 예전에 어떤 아이였을까요? 할아버지, 할머니께 여쭈어 보고 들은 대로 쓰세요. 동화처럼 쓰면 더욱 재미있지요.

오늘의 댓글은 내가 쓴 동화의 주인공에게 부탁하세요.

19day

엄마는 몰라요
(이야기로 표현하기)

출처 : 우리누리 글, 윤정주 그림, 《창의력을 키워주는 그림만화》 (세상모든책)

무슨 일일까요? 그림 속에 들어 있는 이야기를 꺼내어 써 주세요.

친해지고 싶은 아이의 댓글을 받아 보세요.

자연의 소리

(생생하게 전하기)

저녁이 되면 할아버지는 평상에 앉아 하모니카를 부신다. 구슬픈 곡에서 신나는 노래까지.
"내가 왜 밤이 되면 하모니카를 부는지 너 아니?
할아버지가 손녀에게 말했습니다.
"내가 하모니카를 부는 건 귀뚜라미를 위로하기 위해서란다. 낮에 우리에게 좋은 음악을 들려주니까, 그 보답을 하는 거지. 곤충들도 음악을 아주 좋아한단다."

헬렌 그리피스가 지은 《할아버지의 하모니카》란 동화의 한 장면입니다. 도시에 사는 손녀가 고향에서 혼자 집을 지키며 살고 있는 할아버지를 찾아가서 여름 방학을 보내는 이야기를 담은 동화입니다. 오늘은 시골에 갔던 경험을 살려 다음과 같은 자연의 소리와 색과 모양을 적어 보세요. 생각이 안 나면 부모님에게 여쭈어 보아도 좋아요.

● 귀뚜라미가 어떻게 노래하나요? 귀뚜라미 소리를 옮겨 보세요.

● 반딧불이가 내는 빛은 어떤 색이라고 표현하면 좋을까요? 보이는 대로 쓰세요.

● 옥수수 밭을 지나는 바람 소리를 들리는 대로 적어 보세요.

● 아침에 닭들이 우는 소리를 들리는 대로 적어 보세요.

● 밤하늘의 별들은 어떤 색인가요? 무엇만 하게 보이나요?

● 지금 여러분 주위에는 어떤 나무가 있나요? 느티나무? 벚나무? 소나무? 오늘은 나무 그늘 아래에서 편지를 써 보세요. 누구에게라도 좋아요. 싸우고 나서 서먹서먹해진 친구라면 더욱 좋아요. 나무 그늘 아래에서 쓴 편지라는 것을 안다면, 그 친구 얼굴에도 환한 미소가 피어오를 거예요.

지금 이 순간, 가장 가까이에 있는 사람의 댓글을 받으세요.

불을 끄고 별을 켜자
(상상하기)

에너지를 절약하자는 행사가 세계 곳곳에서 벌어지고 있어요. 우리나라도 서울과 대전에서 불을 끄고 별을 찾는 행사가 매년 열리고 있지요.

오늘은 우리 집도 '불을 끄고 별 찾는 행사'를 벌여 봅시다. 엄마, 아빠와 밖에 나가 하늘을 보세요. 그리고 불을 끄면 할 수 있는 좋은 일들을 생각해 보세요. 얼마나 많이 생각할 수 있는지 아래에 적어 보세요.

1. 불을 끄면 별을 볼 수 있다.
2.
3.
4.
5.
6.
7.
8.

오늘의 댓글은 머리가 좋은 사람에게 부탁해 보세요.

톡톡 튀는 가게 이름
(이름 짓기)

요즘 거리에 나가 보면 재미있는 간판들이 눈에 띕니다. 간판만 보고도 뭐 하는 집인지 금방 알 수 있어 편리하기도 하지요. 만약 여러분 이웃에 가게를 내려는 사람이 있다면 어떤 이름을 권해 주고 싶은가요? 톡톡 튀는 이름으로 지어 주세요.

- 작은 책방을 열려고 해요.
- 반찬 가게를 열어요.
- 옷 수선 가게를 열려고 해요.
- 안경집을 개업할 거예요.
- 미용실을 열려고 합니다.
- 채소 가게를 엽니다.
- 약국을 열어요.
- 떡집을 개업합니다.

오늘의 댓글은 아이디어가 풍부한 친구에게 부탁하세요.

가시철조망을 만든 목동
(원인과 결과 찾기)

조셉이라는 목동이 있었습니다. 집이 가난한 조셉은 학교에 다니지 못하고 목장에서 양을 돌보았습니다. 그러나 책 읽기를 좋아하는 조셉은 양들이 풀을 뜯어먹을 동안 잠깐씩 풀밭에 엎드려 동화책을 읽곤 했지요.

그런데 목장 주인은 책을 보는 조셉을 미워했습니다. 조셉이 책을 읽는 동안 양들이 울타리를 빠져나가 채소밭을 엉망으로 만들어 놓기 때문이지요. 목장 주인은 조셉의 책을 빼앗아 던져 버리기도 하고, 조셉에게 눈을 흘기며 한 번만 더 책을 보면 쫓아내겠다고 말하기도 했어요.

'어떻게 하면 양들을 울타리 밖으로 나가지 못하게 할 수 있을까?'

책을 빼앗긴 조셉은 이런 생각을 하면서 양들을 살펴보았습니다. 그러던 어느 날 조셉은 양들이 언제나 한 곳을 피하여 다니는 것을 알게 되었어요. 양들은 가시가 돋친 장미 덩굴이 있는 곳으로는 절대로 빠져나가지 않고 철사 울타리 밑으로만 빠져나가는 것이었어요.

'으흠, 양들이 장미 가시에 찔릴까 봐 다른 곳으로만 가는구나.'

그날 밤 조셉은 대장간에서 일하는 아버지에게 장미 가시 이야기를 했어요.

"아버지, 장미 가시처럼 철사에 가시를 붙여 울타리를 만들어야겠어요. 그러면 양들이 빠져나가지 못할 것 같아요."

"그것 참 좋은 생각이다. 어디 한번 해 보자꾸나."

조셉과 아버지는 그날 밤 철사를 짤막짤막하게 잘라서 긴 철사 줄에 얽어매어 가시철조망을 만들었습니다. 그리고 다음 날 아침, 목장 둘레에 가시철조망을 빙 둘러쳤어요.

가시 울타리의 효과는 금세 나타났습니다.

목장 안에 있는 양들은 울타리 밖으로 한 마리도 빠져나가지 못하는 것이었어요. 그래서 조셉은 양들이 풀을 뜯어먹는 동안 마음껏 책을 읽을 수 있었지요. 그 후 조셉은 가시철조망으로 특허를 받아 전 세계에 팔아 큰 부자가 되었답니다.

1 조셉은 가시철조망을 어떻게 발명하게 되었나요? 그 이야기를 차례대로 써 보세요.

2 나와 조셉의 닮은 점은 없나요? 있다면 어떤 점이 닮았는지 써 보세요.

3 조셉은 자신의 문제를 잘 해결했어요. 지금 나의 문제는 무엇인가요? 해결할 수 있는 창의적인 아이디어를 써 보세요.

　① 나의 문제 :

　② 어떻게 해결할까요? :

조셉처럼 아이디어가 많은 사람의 댓글을 받으세요.

지혜로운 생각끼리

24day

신발 한 짝
(입장 바꿔 생각하기)

기차가 막 떠나려는 참이었습니다. 한 청년이 헐레벌떡 뛰어와 간신히 기차에 올랐어요. 순간 청년의 신발 한 짝이 벗겨져 땅으로 떨어졌습니다. 이미 기차는 출발했기 때문에 내릴 수도 없었죠. 그때 청년은 급히 나머지 신발을 벗더니 창밖으로 던졌어요. 이것을 본 사람들이 물었죠.

"아니, 왜 신발 한 짝을 일부러 버리는 겁니까?"

그러자 청년이 미소 지으며 말했어요.

"어느 가난한 사람이 내가 떨어뜨린 신발 한 짝을 주웠다고 생각해 보십시오. 그에게 그 한 짝은 아무짝에도 소용이 없을 겁니다. 그러나 이제 두 짝을 갖게 되었으니 얼마나 다행입니까?"

그 청년의 이름은 간디. 나중에 인도의 큰 지도자가 되었습니다.

간디가 위대한 지도자가 될 수 있었던 까닭은 무엇일까요? 그 이유를 추측해 보세요. 한 가지보다 여러 가지를 추측할수록 두뇌가 좋은 사람입니다.

1.
2.
3.
4.

간디처럼 마음이 따뜻한 사람의 댓글을 받아 보세요.

구름도 이름이 있네
(짧은 글짓기)

25day

구름이 구름이 하늘에다
그림을 그림을 그립니다.
노루도 그려 놓고, 토끼도 그려 놓고.

노래 속에 나오는 구름의 이름은 양떼구름이래요. 구름 중에서 하얀 양떼구름이 제일 그림을 잘 그린답니다. 구름들도 이름이 있어요. 구름의 모양에 따라 다음과 같이 부릅니다. 어떤 모양일지 상상해 보고, 특징이 잘 나타나도록 짧은 글을 지어 보세요.

- 양떼구름 :
- 조개구름 :
- 새털구름 :
- 먹구름 :
- 뭉게구름 :
- 꽃구름 :

오늘의 댓글은 상급생에게 부탁하세요.

26day

개학날
(일기거리 찾기)

개학날
아이들이 가져와 풀어 놓은
여름 보따리

— 조명제, 〈개학날 아침〉 중에서

 개학날 학교에서 친구와 무슨 이야기를 했나요? 개학날 친구들이 풀어 놓은 이야기보따리에서 오늘 쓸 글의 재료를 찾아보세요. 누구의 이야기가 가장 내 마음에 강하게 남아 있나요? 그걸 쓰면 좋은 글이 된답니다.

오늘의 댓글은 짝꿍 친구에게 부탁할까요?

마음의 짐
(고백하는 글쓰기)

조지가 일곱 살이 되었다고 아버지가 도끼를 사 주셨습니다. 조지는 처음 갖게 된 그 도끼를 시험해 보고 싶었죠. 그래서 정원으로 나가 꽃이 활짝 핀 벚나무를 쾅쾅 찍어 넘어뜨렸습니다.

"아니, 내가 심어 놓은 이 벚나무를 누가 찍었느냐?"

숲에서 돌아오시던 아버지가 쓰러진 나무를 보고 불호령을 내렸습니다. 아버지가 그렇게 화를 내시는 얼굴을 조지는 처음 보았습니다. 그때 조지가 아버지 앞으로 나가 조용히 말했습니다.

"제가 그랬습니다, 도끼를 시험해 보려고요."

아버지는 한동안 눈을 감고 생각에 잠기셨죠. 그리고 잠시 후에 눈을 뜨고 웃는 얼굴로 말씀하셨습니다.

"벚나무를 찍은 건 분명 잘못이다. 그러나 너는 정직하게 말했기 때문에 용서를 받을 만하다."

미국의 초대 대통령 조지 워싱턴의 어린 시절 이야기입니다. 사람은 누구나 실수를 합니다. 그러나 실수를 한 다음에 하는 행동은 대개 두 가지로 나뉩니다. 하나는 실수를 고백하는 것이고, 다른 하나는 실수를 숨기는 것입니다. 그러나 실수를 숨기지 않고 고백할 때 훨씬 좋은 결과가 찾아옵니다. 어떤 결과가 오는지 제임스 버넷이라는 학자가 한 말을 들어 보세요.

첫째, 기분이 좋아진다. 마음속의 짐을 내려놓았기 때문에.

둘째, 정직하고 용기 있는 사람이라는 평가를 듣게 된다.

셋째, 거짓말할 기회가 줄어든다. 실수를 숨기려면 거짓말을 또 할 수밖에 없으니까.

1. 오늘은 실수한 것을 고백해 보세요. 어떤 실수를 하고 꽁꽁 숨기고 있었나요? 그동안 마음을 불편하게 했던 것 세 가지만 고백해 보세요.

①
②
③

2. 그중 하나를 선택하여 이야기를 만들어 보세요. 평소에 좋아하는 이름을 주인공 이름으로 하면 동화처럼 재미있는 글이 됩니다.

오늘의 댓글은 자신이 쓰세요. 색다른 느낌이 들 거예요.

꼬리에 꼬리를 무는 낱말들
(끝말잇기)

28day

끝말잇기로 서른다섯 개의 빈칸을 채워 보세요. 친구와 시합을 해도 좋아요.

들국화 → 화가 → ☐ → ☐ → ☐

오늘은 선생님이 미리 댓글을 써 놓았어요.

빈칸을 몇 분 안에 채웠나요? 만약에 15분 안에 채웠다면 '생각이 꼬리에 꼬리를 무는 어린이'입니다.

29day 나의 생각하기 점수는?
(판단하기)

내 생각과 마음은 얼마나 자랐을까요? 오늘은 여러분의 생각 창고를 조사해 보세요. 그리고 자신의 생각하기 점수를 매겨 보세요.

- 길을 가면 신기한 것들이 자꾸만 눈에 띈다.　　　　　　　예/보통/아니오
- 뉴스를 보거나 듣다가 사실일까 궁금해진다.　　　　　　 예/보통/아니오
- 엄마, 아빠에게 질문을 많이 한다.　　　　　　　　　　　예/보통/아니오
- 백과사전을 자주 찾아보는 습관이 생겼다.　　　　　　　 예/보통/아니오
- '만약에 반대라면?' 그런 생각을 자주한다.　　　　　　 예/보통/아니오
- 동화책을 읽다가 끝 장면을 맞힐 수 있다.　　　　　　　 예/보통/아니오
- 친구들이 나에게 판단해 달라고 말할 때가 있다.　　　　 예/보통/아니오
- 동시 읽기가 즐겁다.　　　　　　　　　　　　　　　　　예/보통/아니오
- 어려운 일을 보면 해결 방법이 척척 떠오른다.　　　　　 예/보통/아니오
- 창의적인 생각을 한다고 어른들이 칭찬한다.　　　　　　 예/보통/아니오
- 책을 읽을 때 모르는 낱말이 거의 없다.　　　　　　　　 예/보통/아니오
- 쓸 거리가 많아서 글쓰기가 즐겁다.　　　　　　　　　　 예/보통/아니오
- 내 생각을 써 놓으면 멋있다고 생각된다.　　　　　　　　예/보통/아니오
- 내 이야기에 친구들이 귀를 기울여 준다.　　　　　　　　예/보통/아니오
- 댓글 달기 때문에 친구가 많이 생겼다.　　　　　　　　　예/보통/아니오

오늘은 부모님의 댓글을 받아 보세요.

둠디둠둠 푸른 도깨비
(문제 해결하기)

고기잡이 소년이 바다에서 고기를 잡고 있는데, 그물에 작은 병 하나가 걸려 올라왔어요. 소년은 '이상한 일도 다 있네.' 하고 병뚜껑을 열었어요. 그런데 '에그 무서워라!' 병 속에서 푸른 연기가 '펑!' 하고 올라오더니 온 몸이 푸른 무시무시한 도깨비가 나왔어요. 나오자마자 푸른 도깨비는 소년에게 달려들며 쉰 목소리로 으르렁거리듯 말했어요.

"으흐흐흐흥! 나는 둠디둠둠 푸른 도깨비다! 백 년 동안 병 속에 갇혀 생각했지. 나를 꺼내 주는 사람을 잡아먹겠다고. 으흐흐흐, 둠디둠둠 둠디둠둠."

"여보세요. 둠디둠둠 푸른 도깨비님. 그런 법이 어디 있어요? 은혜를 원수로 갚다니 말이나 돼요?"

"으흐흐흐, 그것이 우리 둠디둠둠 푸른 도깨비 세상의 법칙이란다."

소년은 무서웠지만 얼른 정신을 차렸지요. "호랑이에게 물려가도 정신만 차리면 산다."는 말을 할머니에게 들은 적이 있거든요.

"도깨비님, 도깨비님, 둠디둠둠 푸른 도깨비님! 죽기 전에 한 가지 꼭 물어볼 게 있어요."

"으흐흐흐, 이왕 죽을 건데 뭘 알고 죽겠다는 거냐?"

"헤헤헤, 죽을 때 죽더라도 전 궁금한 건 못 참는 성격이라서요. 다름이 아니라 둠디둠둠 푸른 도깨비님의 재주가 하도 신기해서요."

"흐흐흐흥, 내 재주? 무슨 재주 말이냐?"

"그렇게 큰 몸뚱이를 가지고 계신 도깨비님이 어떻게 요만

한 병 속에 들어가실 수 있는지, 그 재주가 너무나 신기해요. 한 번만 보여 주세요."

"으흐흐흥, 그 재주? 간단하지. 자, 잘 보라고. 내가 지금 이 병 속에 들어갔다 나올 테니. 으흐흐흥, 둠디둠둠 둠디둠둠."

도깨비는 으쓱으쓱 춤을 추며 '펑!' 하는 소리와 함께 연기로 변하더니 병 속으로 쏘옥 들어갔어요. 그러자 소년은 얼른 병뚜껑을 닫아서 바다로 힘껏 던졌지요. 그랬더니 '출렁!' 하고 큰 물결이 일었어요.

1 소년은 어떤 아이인가요? 소년을 표현할 수 있는 낱말을 아는 대로 적어 보세요.

_____
_____

2 소년이 도깨비를 이길 수 있었던 이유는 무엇인가요?

_____
_____
_____
_____
_____

3 만약에 도깨비가 영리해서 병 속으로 들어가지 않았다면, 소년은 어떻게 해야 살 수 있을까요?

4 둠디둠둠 푸른 도깨비가 왜 백 년 동안 병 속에 들어가게 되었을지 이전의 이야기를 상상하여 써 보세요.

오늘은 상상력이 풍부한 친구의 댓글을 받아 보세요.

31day 네 목소리를 들으면
(분석하며 생각하기)

"네 목소리를 들으면 기분이 참 좋아."

친구에게 이런 말을 들어본 적이 있나요? 그렇다면 행운아입니다. 사람이 누군가를 좋아하고 싫어하고를 결정하는 데에는 목소리가 큰 몫을 한다고 합니다. 누구의 목소리 속에 어떤 마음이 담겨 있었나요?

● 칭찬하는 마음이 들어 있는 목소리의 주인공은? _____

　그 사람과 이야기를 하면? _____

● 비난하는 마음이 들어 있는 목소리의 주인공은? _____

　그 사람과 이야기를 하면? _____

● 다정함이 들어 있는 목소리의 주인공은? _____

　그 사람과 이야기를 하면? _____

● 자신감 넘치는 목소리의 주인공은? _____

　그 사람과 이야기를 하면? _____

● 내 목소리에는 어떤 마음이 들어 있을까요? _____

듣기 좋은 목소리의 주인공에게 댓글을 부탁하세요.

셋째 달 : 생각을 넓혀라

"속이 밴댕이 콧구멍이야."
너, 이런 말 들어 본 적 있니?
밴댕이는 아주 작은 생선인데,
그 생선의 콧구멍은 또 얼마나 작겠니?
그래서 예부터 세상을 널리 보지 못하고
고집만 부리는 사람을
'밴댕이 콧구멍' 이라고 불렀어.

세상에 한 가지 답만 있는 문제는 없어.
백두산을 올라가는 데도 여러 갈래의 길이 있듯이
세상은 아주 넓고, 문제를 해결하는 방법은 다양하단다.
밴댕이 콧구멍처럼 고집만 부리는 사람은
문제를 해결하는 방법을 하나라고 주장하지.

넓은 바다
넓은 운동장
넓은 가슴
넓은 생각
누가 이런 걸 마다하겠니?

네 생각은 얼마나 넓지?

01day
로봇 하나갖고
싶어요
(창의적으로 생각하기)

08day
화가의 우정
(입장 상상하기)

15day
대가족과
핵가족
(문제해결력 기르기)

22day
손가락으로
지킨 나라
(문제해결력 키우기)

29day
동화 완성하기
(이야기 이어쓰기)

02day 둥근 것들의 비밀 (이유 발견하기)	03day 하늘은 왜 파란가 (호기심 키우기)	04day 나는 어떤 아이? (판단력 키우기)	05day 날씨의 이름 (어휘 구분하기)	06day 송편과 만두 (특성 분석하기)	07day 한석봉 엄마 (설득하는 생각 쓰기)
09day 심청이 인터뷰 (상상하여 답변하기)	10day 개그맨 되어 보기 (유머 쓰기)	11day 색깔들의 이야기 (화가처럼 생각하기)	12day 파를 팔까? 빨까? (경제적으로 생각하기)	13day 이치에 맞는 말 (어휘력 키우기)	14day 우리는 닮은꼴 (동시로 표현하기)
16day 즐거운 이별 (뒷이야기 쓰기)	17day 게임 회사 사장님에게 (창의력 키우기)	18day 백화점엔 창문이 없다 (경제적으로 생각하기)	19day 노란 아이리스 이야기 (창의력 키우기)	20day 거울의 역사 (추리력 키우기)	21day 100년 후의 세상 (상상력 키우기)
23day 부모 팔아 친구 산다? (추리력 키우기)	24day 특별한 기상 통보관 (창의력 키우기)	25day 김밥 할머니 (다양한 입장 경험하기)	26day 무슨 일일까? (그림 보고 상상하기)	27day 마음의 표식 만들기 (생각을 그림으로)	28day 산 너머 저쪽엔 (호기심이 동시로)
30day 경주 최 부잣집의 비밀 (도덕적 판단력 기르기)					

01 day

로봇 하나 갖고 싶어요
(창의적으로 생각하기)

지금 우리나라는 로봇 연구에 많은 예산을 쓰고 있습니다. 현재까지 개발된 로봇은 청소하는 로봇, 물건을 나르는 로봇, 춤추는 로봇, 수술하는 로봇 정도입니다. 앞으로는 영어 발음을 연습시키는 로봇 선생님, 수학 문제를 풀어주는 로봇 선생님도 개발될 예정이라고 해요.

출처 : 《국민일보》 2006년 10월 3일자

앞으로 여러분이 꼭 갖고 싶은 로봇은 어떤 것인가요? 여러분이 갖고 싶은 로봇을 상상해 보세요. 로봇의 이름, 로봇이 할 일 등을 자세하게 적고, 로봇의 모양도 그려 보세요.

오늘은 '생각 부자' 의 댓글을 받아 보세요.

둥근 것들의 비밀
(이유 발견하기)

세상에는 둥근 것이 참 많아요. 하늘에 보이는 해님도 둥글고, 달님도 둥글고, 축구 선수들이 차는 공도 둥글죠. 그런데 왜 세상에는 이렇게 둥근 것이 많을까요? 오늘은 둥근 것들의 비밀을 알아보세요.

1 자동차나 수레의 바퀴는 왜 둥글게 만들었을까요?

2 맨홀 뚜껑은 왜 둥글게 만들었을까요?

3 컵은 왜 둥글게 만들었을까요?

4 빈대떡은 왜 둥글게 부칠까요?

5 밥그릇, 국그릇은 왜 둥글게 만들었을까요?

창의적인 생각을 하는 분의 댓글을 받아 보세요.

하늘은 왜 파란가
(호기심 키우기)

"선생님, 하늘은 왜 파란가요?"
"하늘은 옛날부터 파랬단다."
"네, 선생님. 그건 저도 알아요. 전 지금 왜 그런지 궁금한 거예요."

 선생님은 쓸데없는 질문을 해서 수업 분위기를 망친다는 이유로 토머스 에디슨을 퇴학시켰습니다. 그러나 이렇게 궁금한 것이 많았던 토머스 에디슨이란 아이는 나중에 천 가지가 넘는 발명품을 만든 발명왕이 되었답니다.

 여러분은 지금 무엇이 궁금한가요? 여러분이 궁금한 것을 모두 적어 보세요. 그것이 나중에 멋진 발명품이 될지도 몰라요.

과학자를 꿈꾸는 친구의 댓글을 받아 보세요.

나는 어떤 아이?
(판단력 키우기)

우리 반 친구들은 나를 어떤 아이라고 생각할까요? 다음 네모 속에는 사람의 성격과 됨됨이를 나타내는 낱말이 들어 있어요. 친구들이 나라고 생각할지도 모르는 낱말을 골라 보세요. 그리고 왜 그런지 이유도 써 보세요.

심술궂다	솔직하다	참을성 있다	변덕스럽다	사납다
잘난 척한다	온순하다	명랑하다	너그럽다	뻔뻔스럽다
엉뚱하다	다정하다	인정이 많다	고집쟁이	거짓말쟁이
	샘쟁이	공손하다	버릇없다	

_____

_____

_____

_____

_____

오늘은 나와 제일 친한 친구의 댓글을 받으세요.

05day

날씨의 이름
(어휘 구분하기)

날씨들도 우리처럼 이름이 있어요. 날씨들도 우리처럼 누가 이름을 잘못 부르면 싫어해요. 아래 빈칸에 알맞은 날씨의 이름을 보기 속에서 찾아 적어 주세요.

포근한 날씨	변덕스러운 날씨	험상궂은 날씨	매운 날씨
쌀쌀한 날씨	쓸쓸한 날씨	을씨년스러운 날씨	상쾌한 날씨
더운 날씨	청명한 날씨	꽁꽁 언 날씨	푹푹 찌는 날씨

- 아침엔 비가 오더니 어느새 햇빛이 쨍쨍. _____
- 털목도리에 장갑을 끼고 털 장화를 신어야겠네. _____
- 하늘이 컴컴하고 진눈깨비가 추적추적 내려요. _____
- 따듯하고 아지랑이가 아롱거려요. _____
- 더워서 땀이 줄줄 흘러요. _____
- 상쾌한 산들바람이 불어요. _____
- 하늘이 높고 공기는 깨끗해요. _____
- 천둥 번개에 먹구름이 몰려와요. _____

오늘은 엄마나 아빠에게 댓글을 부탁하세요.

송편과 만두
(특성 분석하기)

나라마다 독특한 음식이 있어요. 그런데 알고 보면 서로 비슷한 음식도 있어요. 오늘은 비슷한 모양의 음식에 대해 생각해 보기입니다. 여러분의 날카로운 관찰력을 동원해 비슷한 음식들의 공통점과 차이점을 발견해 보세요.

1 송편과 만두

　공통점 :

　차이점 :

2 식혜와 콜라

　공통점 :

　차이점 :

3 빈대떡과 피자

　공통점 :

　차이점 :

4 떡과 케이크

　공통점 :

　차이점 :

할머니, 엄마, 고모, 이모 중 한 사람에게 댓글을 부탁하세요.

07day

한석봉 엄마
(설득하는 생각 쓰기)

만약에 한석봉과 그의 엄마가 요즘 우리 동네에 살고 있다면? 다음과 같은 경우에 한석봉은 엄마에게 무슨 말을 했을지 상상하여 보세요.

 아들아, 네가 얼마나 공부를 잘했는지 시험해 보겠으니 불을 끄거라. 이제 나는 떡을 썰 테니 너는 붓글씨를 쓰도록 해라.

 엄마, 요즘은 _____

_____

_____

_____

오늘의 댓글은 부모님에게 부탁하세요.

화가의 우정
(입장 상상하기)

〈이삭줍기〉

〈만종〉

〈이삭줍기〉, 〈만종〉을 그린 밀레가 아직 유명해지기 전의 이야기입니다. 아무도 알아주지 않는 화가 밀레는 가난에 허덕였어요. 전시회를 열었지만 그림을 사 주는 사람이 없었습니다. 화랑 주인은 "그림을 더 이상 화랑에 걸어 둘 수 없으니 모두 가져가라."는 말까지 했어요. 이제 먹을 것도 없고, 그림 그릴 재료를 살 돈도 떨어졌습니다. 가난한 밀레는 화가의 길을 포기할 수밖에 없었지요.

그러던 어느 날 화랑에서 기쁜 소식이 날아왔어요. 이름을 밝히지는 않았지만, 누가 밀레의 그림을 아주 비싼 값에 사 갔다는 것입니다.

"그게 정말입니까?"

"정말입니다. 일류 화가의 그림 값보다 비싼 가격으로 사 갔습니다."

너무 감격한 밀레는 그 돈으로 먹을 것과 물감을 샀습니다. 그리고 용기를 얻어 다시 그림을 그리기 시작했습니다. 그리고 얼마 안 가 그는 유명한 화가의 대열에 끼게 되었습니다.

유명해진 화가 밀레는 어느 날 우연히 친구의 집을 방문하게 되었어요. 그런데 친구의 집 거실에 들어서자 비싼 값에 팔려 간 자신의 그림이 걸려 있는 것이었어요.

"아니 저 그림은……."

밀레는 목이 메어 눈물을 펑펑 쏟았다고 합니다.

1 친구는 왜 밀레에게 돈을 주지 않고 비싼 값에 그림을 사 갔을까요? 친구의 입장이 되어 여러 가지 이유들을 말해 보세요.

　　이유 1 :
　　이유 2 :
　　이유 3 :

2 여러분이 밀레가 되어 친구의 집에서 그림을 발견한 날, 친구에게 편지를 써 보세요.

오늘은 친한 친구의 댓글을 받아 보세요.

생각쟁이 왕자처럼

09day

심청이 인터뷰
(상상하여 답변하기)

《심청전》은 조선시대 사람들이 만들어 낸 이야기입니다. 그래서 조선시대 사람들의 생각과 판단이 들어 있어요. 다음은 어느 초등학생들이 작품 속의 심청이에게 질문한 내용입니다. 여러분이 심청이가 되어 솔직하고 자세하게 대답해 주세요.

질문 1 : 뱃사람들에게 삼백 석보다 더 달라고 해서 아버지에게 드리면 좋았을 텐데, 왜 삼백 석만 달라고 했나요?

심청 : _____

질문 2 : 딸이 사라진 뒤에 아버지는 얼마나 가슴이 아팠을까요? 심청이는 그걸 불효라고 생각하지 않나요?

심청 : _____

질문 3 : 왕비가 된 다음에 맹인 잔치를 연 걸 보면 심청이는 처음부터 '공양미 삼백 석'의 효험을 믿지 않은 것 같아요.

심청 : _____

아직 서먹서먹한 친구의 댓글을 받아 보세요.

개그맨 되어 보기

(유머 쓰기)

출처 : 김우영, 《똥단지 만화편지》 (계림북스)

이 만화 속에는 유머가 들어 있습니다. 만약에 똥딴지가 "위인들입니다."라고 정답을 말했다면 이 만화는 정말 재미없겠지요?

여러분도 유머가 들어 있는 이야기를 만들어 개그맨처럼 말해 보세요.

_____

_____

_____

_____

개그맨을 꿈꾸는 친구의 댓글을 받아 보세요.

11day

색깔들의 이야기
(화가처럼 생각하기)

작가들은 낱말로 이야기를 만들고, 화가들은 색깔로 이야기를 만듭니다. 색깔의 느낌, 색깔의 마음, 색깔의 생각을 가지고 그림을 그리죠. 오늘은 우리도 화가처럼 색깔이 가진 마음과 생각을 알아보기로 해요.

1
① 빨간색을 보면 어떤 기분이 들죠?
② 빨간색을 보면 누가 떠오르나요?
③ 어떤 점이 닮았죠?

2
① 노란색을 보면 어떤 기분이 들죠?
② 노란색을 보면 누가 떠오르나요?
③ 어떤 점이 닮았죠?

3
① 분홍색을 보면 어떤 기분이 들죠?
② 분홍색을 보면 누가 떠오르나요?
③ 어떤 점이 닮았죠?

남자는 여자 친구, 여자는 남자 친구의 댓글을 받아 보세요.

소파를 팔까? 말까?
(경제적으로 생각하기)

영수네 집에는 크고 아름다운 소파가 있습니다. 엄마가 특별히 아끼는 소파입니다. 그런데 요즘 영수 아빠 회사가 어려워져서 큰 집을 팔고 작은 아파트로 이사를 하려고 해요. 그런데 문제가 생겼죠. 엄마가 아끼는 소파가 작은 아파트에 들어가지 않는 거예요. 그래서 엄마는 그 소파를 친구네 집 지하실에 맡겨 두었다가 큰 집으로 이사 갈 때 찾아가자고 해요.

그런데 아빠의 의견은 달랐어요. 그 소파를 싸게라도 파는 게 이익이니 반값만 받아도 팔아야 한다고 주장하십니다. 엄마는 아까워서 안 된다고 하시고. 결국 영수네 식구는 의견이 갈렸어요. 엄마와 영수는 팔지 않는 게 이익이라고 하고, 아빠와 누나는 파는 게 이익이라고 합니다.

어느 편이 이익일까요? 다음 두 의견 중 하나를 선택하여 왜 그런지 이유들을 모아 보세요.

지금 파는 게 이익이다. / 맡겨두는 게 이익이다.

이유 1 :
이유 2 :
이유 3 :
이유 4 :

오늘은 부자가 되고 싶은 친구의 댓글을 받아 보세요.

13day 이치에 맞는 말
(어휘력 키우기)

우리가 무심코 쓰고 있는 말 중에는 이치에 맞지 않는 말이 있습니다. 다음 말들이 그렇죠. 다음 말 속에 들어 있는 의미를 찾아 바르게 고쳐 보세요.

1 "혜영이는 잘사는 집 딸이야."

① 무슨 뜻으로 쓰였죠? _____

② 무엇이 잘못이죠? _____

③ 이럴 경우에 어떻게 말해야 할까요? _____

_____

2 "그 옷 입으니까 있어 보이네."

① 무슨 뜻으로 쓰였죠? _____

② 무엇이 잘못이죠? _____

③ 이럴 경우에 어떻게 말해야 할까요? _____

_____

오늘은 학급에서 인기 있는 친구의 댓글을 받아 보세요.

우리는 닮은꼴
(동시로 표현하기)

곱슬머리, 아빠 닮았다
검지 발가락 긴 것, 엄마 닮았다
늦잠꾸러기인 것, 아빠 닮았다
저녁 잠 잘 자는 것, 엄마 닮았다
책 읽기 좋아하는 것, 누구 닮았나, 누굴 닮았나?

― 정두리, 〈우리는 닮은꼴〉

나는 누구를 닮았나요? 위의 시를 참고하여 동시를 써 보세요.

_____
_____
_____
_____
_____

나와 닮은 점이 많은 분의 댓글을 받아 보세요.

15day

대가족과 핵가족
(문제 해결력 기르기)

요즘 신문이나 텔레비전에는 '노인 문제'라는 말이 자주 나옵니다. 할 일이 없는 노인들, 생활비가 없는 노인들이 자살하는 경우도 있습니다. 노인들이 행복하게 살아갈 방법은 없을까요? 그분들도 젊은 시절엔 열심히 일했고, 자식들 키우느라 고생고생하셨습니다. 오늘은 노인 문제에 대한 해결책을 생각해 보기로 합니다. 다음과 같이 생각하면서 해결책을 모아 보세요.

1. 할머니, 할아버지와 함께 살면 좋은 점은 무엇일까요?

   좋은 점 1 :
   좋은 점 2 :

2. 할머니, 할아버지와 함께 살면 불편한 점은 무엇일까요?

   불편한 점 1 :
   불편한 점 2 :

3. 앞에서 찾은 불편한 점을 좋은 점으로 바꿀 수 있는 묘안을 모아 보세요.

오늘은 부모님에게 댓글을 부탁하세요.

즐거운 이별
(뒷이야기 쓰기)

　동네 밖 좁은 길가에 민들레꽃이 피었습니다. 벌써 꽃이 져서 하얀 솜방울이 된 것도 있습니다. 길가에 쪼그리고 앉아 들여다봅니다. 내가 한 마리 참새만 한 작은 몸이 된 기분으로 민들레 옆에 앉아서 귀를 기울이면, 개미 기어가는 발자국 소리가 들립니다. 아! 그뿐이 아닙니다. 민들레 엄마가 솜방울같이 된 씨앗 아기들에게 하는 말소리가 들립니다. 가느다란 목소리입니다.
　"아가, 아가들아, 인제 때가 되었구나. 은빛으로 부푼 너희들이 내게서 떠나갈 때가……."
　"엄마, 우리가 어디로 가야 하는 거야?"
　"이제 바람이 불어오면 너희들은 바람을 따라 춤을 추며 멀리 사라져 가게 될 게다. 어느 들판일까? 산밭치일까? 그건 모르지만……."
　"여기서 살고 싶은데요."
　"아가, 엄마 말을 들어 봐라. 나는 일생을 사람들 발에 밟히면서도 꿋꿋이 살아 왔다. 그러면서 너희들을 기른 것은 지금의 이 경사스런 이별을 하기 위해서였단다. 이별은 슬프지만 그 슬픔을 씹어 삼키고 나면, 작디작은 너희들도 나처럼 어엿한 민들레가 된단다. 황금의 꽃 관도 쓰게 될 게고……."
　"정말 그래요?"
　"그렇고말고! 하지만 그 어디를 가더라도 변하지는 말아다오. 네 이름은 민들레, 네 꽃 빛깔은 황금색, 끈질긴 생명을 가진다는 것을. 오! 왔구나. 바람이 왔어. 내 아기들아, 훨훨 춤을 추며 잘들 가거라. 엄마는 손을 흔든다. 울면서, 또 웃으면서……."
　민들레 꽃씨들이 바람에 날려가기 시작했습니다. 하얀 솜방울은 다 벗겨져 훨훨 날아갔습니다. 민들레 엄마가 혼자 중얼거리고 있었습니다.

"아! 수백 수천으로 늘어나는 내 생명들을 하늘과 땅에 뿌리는 이 기쁜 슬픔! 이별이 슬퍼도 슬픈 것이 아니지. 기쁘고 즐거운 이별이지. 잘 가거라, 내 아기들아. 훨훨 춤추며 잘 가거라."

– 이원수, 〈즐거운 이별〉

1 "나의 살던 고향은~"이라고 시작하는 〈고향의 봄〉의 노랫말을 지은 이원수 선생님의 동화입니다. 이 동화의 뒷이야기를 쓴다면 어떤 이야기가 될까요? 여러분이 뒷이야기를 써 보세요.

①
②
③

2 엄마 민들레와 민들레 홀씨는 이별하지만 즐겁다고 말합니다. 사람들 사이에도 이런 이별이 있다면 어떤 것일까요? 즐거운 이별의 예를 생각해 보세요.

독서를 좋아하는 친구의 댓글을 받아 보세요.

게임 회사 사장님에게
(창의력 키우기)

동생 : 형, 게임들은 왜 죽이는 게 그렇게 많아?
형 : 그래야 재미있으니까 그렇지.
동생 : 난 죽이는 게 재미없는데…….
형 : ……?

여러분이 형이라면 어떤 대답을 할까요? 설마, 죽이는 게 가장 재미있다고 생각하지는 않겠죠? 오늘은 게임 회사 사장님이 죽이지 않고도 재미있는 게임을 만들 수 있도록 여러분이 아이디어를 제공해 보세요. 다양하고 독특한 아이디를 많이 내어 보세요.

● 나의 아이디어 :

오늘은 게임을 좋아하는 친구의 댓글을 받아 보세요.

백화점엔 창문이 없다
(경제적으로 생각하기)

부자가 되는 것을 싫어하는 사람이 있을까요? 없겠지요? 그러나 부자는 그냥 되는 것이 아닙니다. 경제적으로 생각하는 두뇌를 가지고 있어야 합니다. 오늘은 경제적 두뇌를 만드는 연습을 해 보세요.

- 백화점에는 창문과 시계가 없네. 왜 그럴까?
- 백화점과 할인마트는 일 년 내내 할인 행사를 하네. 왜 그럴까?
- 같은 물건이라도 백화점은 비싸고 할인마트는 싸네. 왜 그럴까?
- 할인마트는 물건을 묶음으로 파네. 왜 그럴까?
- 낱개로 살 때와 묶음으로 살 때 어떤 장단점이 있을까?

이런 생각을 하면서 물건을 산다면 경제적 사고력이 무럭무럭 자란답니다. 필요 없는 물건을 사지 않는 법, 물건을 비싸게 사지 않는 법에 대하여 알고 있는 방법을 모두 적어 보세요. 다른 사람에게 들은 방법을 적어도 좋아요.

_____

_____

_____

오늘은 부모님의 댓글을 받아 보세요.

노란 아이리스 이야기

(창의력 키우기)

네덜란드의 화가 빈센트 반 고흐가 그린 〈아이리스〉입니다. 보랏빛 아이리스 꽃밭에 노란 아이리스 한 송이가 피어 있네요. 무슨 일일까요? 노란 아이리스는 무슨 생각을 할까요? 외롭지는 않을까요? 흡사 미운 오리 새끼 같죠?

자, 이제 여러분이 이 그림을 동시나 동화로 만들어 주세요. 주인공은 노란 아이리스입니다.

글쓰기를 좋아하는 친구에게 댓글을 부탁하세요.

거울의 역사
(추리력 키우기)

하루에 거울을 몇 번 보나요? 여자들은 더 자주 보고 남자들은 덜 본다고요? 멋쟁이들이 제일 많이 본다고요? 정말 그럴까요?

아득한 옛날에는 거울이 없었습니다. 지금 우리가 사용하는 유리 거울은 약 1,900년 전쯤에 발명되었어요. 그런데 사람은 거울을 갖게 되면서 좀 더 인간다워졌다고 합니다.

오늘은 거울이 발명되던 1,900년 전 사람이 되어 거울이 무엇을 어떻게 바꾸어 놓을지 추측하여 보세요. 얼마나 많은 것을 추측할 수 있는지 자신의 상상력을 시험해 보세요.

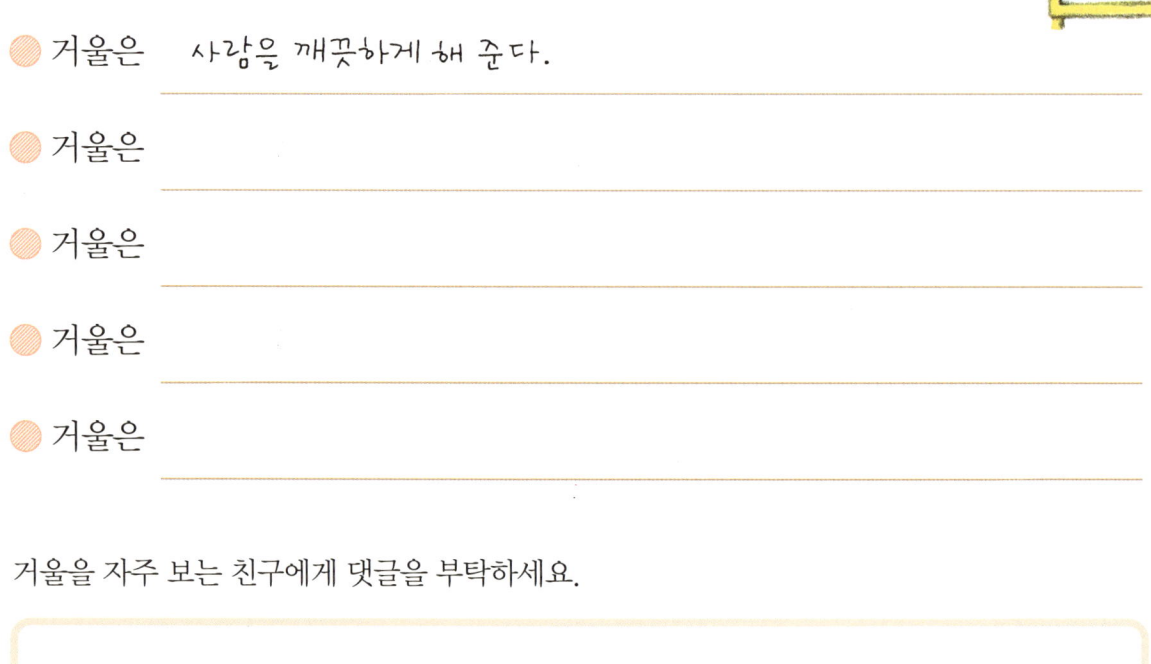

● 거울은   사람을 깨끗하게 해 준다.
● 거울은
● 거울은
● 거울은
● 거울은

거울을 자주 보는 친구에게 댓글을 부탁하세요.

21 day

100년 후의 세상
(상상력 키우기)

1910년 프랑스 사람들은 100년 후에는 축음기로 뉴스를 들을 수 있을 거라고 상상했답니다. 그런데 그로부터 50년 후에 라디오가 발명되어 뉴스를 전해 주었답니다. 엄마, 아빠가 초등학교 다닐 때, 나중에 어떤 세상이 될 것이라고 상상했는지 물어보세요. 그것들 중에 이루어진 것과 이루어지지 않은 것은 무엇인지도 알아보세요.

1 엄마, 아빠가 친구들과 상상했던 내용 중 이루어진 것은?

2 엄마, 아빠가 친구들과 상상했던 내용 중 이루어지지 않은 것은?

3 앞으로 100년 후에는 어떤 세상이 될까요? 가족이 한 가지씩 상상하여 보세요.

색다른 생각을 잘하는 친구의 댓글을 받아 보세요.

손가락으로 지킨 나라

(문제 해결력 키우기)

네덜란드는 국토의 대부분이 바다보다 낮은 나라입니다. 높다란 둑이 없으면 북해의 바닷물이 밀려 들어와 온 나라가 물에 잠기고 말지요. 그래서 어린 꼬마조차도 늘 둑을 지켜봐야 한다는 것을 알고 있었지요.

오래전, 그 나라에 피터라는 아이가 살았습니다. 여덟 살 난 피터는 이웃 마을 아저씨 댁에 심부름을 갔다가 어둑어둑한 저녁에 집으로 돌아오고 있었어요. 바로 그때 피터의 귀에 졸졸졸, 물소리가 들렸어요.

피터가 둑 밑으로 내려가 보았더니 둑에 뚫린 작은 구멍으로 물줄기가 가늘게 새어 나오고 있었어요. 놀란 피터는 그 작은 구멍에 손가락을 끼웠습니다. 그러자 흐르던 물이 뚝 멈추었지요.

"와아! 이제 더 이상 물이 들어오지 않아. 손가락으로 딱 막아 버렸으니까. 내가 여기 있는 한 우리나라는 물에 잠기지 않을 거야."

처음에는 모든 일이 쉬웠지만 곧 밤이 오면서 손가락이 쑤시고 아팠습니다. 날은 점점 더 추워지고, 팔은 욱신거리다 못해 뻣뻣해져서 아무 감각도 없었습니다.

"아무도 없어요? 어머니! 어머니!"

다음 날 아침 일찍, 어떤 아저씨가 일을 나가려고 둑 길을 걸어가다가 피터를 발견하였습니다. 그 아저씨는 밤새 어떤 일이 일어났는지 금세 알아차렸습니다. 그 후 네덜란드 사람들은 피터를 꼬마 영웅이라고 불렀답니다.

— 메리 프랜시스 블레이스델, 《네덜란드의 꼬마 영웅》

1 이 글은 세계적으로 유명한 네덜란드 이야기입니다. 많은 사람들이 이 글을 읽고 좋아하는 이유를 상상해 보세요.

①
②

2 만약에 내가 글 속의 피터였다면? 피터가 한 방법 말고 다른 방법을 생각해 보세요.

①
②
③

3 동생이나 친구가 "무슨 이야기야?" 하고 물으면 어떻게 대답할까요?

누구에게 댓글을 부탁하는 게 좋을지 생각해서 받으세요.

생각의 궁전 짓기

23day

부모 팔아 친구 산다?
(추리력 키우기)

"친구를 사귀어라."
"부모 팔아 친구 산다."

'친구의 중요성'을 어떤 말이 더 강력하게 전해 주나요? 물론 "부모 팔아 친구 산다."죠. 그런데 이런 속담은 어떤 사람이 왜 만든 것일까요? 다음 속담을 보고 왜 이런 속담이 만들어졌는지 그때의 상황을 상상하여 써 보세요.

1 친구와 포도주는 오래된 것일수록 좋다.

2 친구의 눈이 거울이다.

3 부모 팔아 친구 산다.

앞으로 사귀고 싶은 친구에게 댓글을 부탁해 보세요.

특별한 기상 통보관
(창의력 키우기)

맑음   차차 흐림   흐려져 비   구름 많고 비   흐리고 비 후 갬

우리가 신문이나 텔레비전에서 보는 날씨 표식입니다. 이 표식은 기상청에서 만들어 온 나라가 쓰고 있습니다. 오늘은 기상 통보관이 되어 나만의 색다른 표식을 만들어 보면 어떨까요? 아래의 예처럼 재미있는 기상 표식을 만들고 해설도 써 보세요.

부모님의 댓글을 받아 보세요.

김밥 할머니
(다양한 입장 경험하기)

　김밥 말아 번 돈 50억 원을 어느 대학교 재단에 바친 70대 할머니가 있다. 김밥 50억 원어치면 그 길이를 한반도에 깔면 3천 리에 이르고, 우리 국민 모두 한 끼 배불리 먹을 수 있는 막대한 분량이 된다. 김밥 마는 손수건만 한 대발 하나만 가지고도 그토록 큰일을 해낼 수 있는데, 수백만 평의 땅에 수억여 원의 돈을 깔아 놓고도 김밥 한 덩이 사회에 되돌려주지 않는 부자들도 있다.

－《조선일보》 이규태 칼럼

　이 글을 읽은 다음 사람들은 어떤 생각을 하게 될까요? 여러분이 그 사람들의 입장이 되어 상상해 보세요.

● 재벌 사장님 : _____

● 가난한 노인 : _____

● 김밥 아줌마 : _____

● 김밥 할머니의 단골손님 : _____

● 고아원 원장님 : _____

● 김밥 할머니의 친구 : _____

상상력이 풍부한 친구의 댓글을 받아 보세요.

무슨 일일까?
(그림 보고 상상하기)

아이들이 가지고 노는 팔랑개비를 가지고 할머니가 뛰어갑니다. 할머니는 왜, 어디로 가고 있을까요? 상상력을 발휘하여 할머니의 이야기를 재미있게 써 보세요.

이야기를 재미있게 하는 친구의 댓글을 받아 보세요.

마음의 표식 만들기
(생각을 그림으로)

❶  ❷  ❸

위의 표식들은 무슨 뜻이죠? ❶은 금연 장소 표식, ❷는 유턴 금지 표식입니다. 그럼 ❸은? ❸은 세계적인 영화감독 미야자와 아키라의 작업실에 붙어 있던 좌절 금지 표식입니다. 아키라는 이 표식을 스스로 만들어 붙여 놓고 어려운 일이 있을 때마다 힘을 얻었다고 합니다.

여러분은 어떤 표식을 만들어 붙이고 싶나요? 먼저 자신에게 무슨 표식이 필요한지 생각해 보세요. 그리고 그것을 위의 표식처럼 그려 보세요. 물론 제목도 달아야겠지요.

창의성이 뛰어난 친구에게 댓글을 부탁하세요.

산 너머 저쪽엔
(호기심이 동시로)

산 너머 저쪽엔 별똥이 많겠지
밤마다 서너 개씩 떨어졌으니.

산 너머 저쪽엔 바다가 있겠지
여름내 은하수가 흘러갔으니.

— 이문구, 〈산 너머 저쪽〉

여러분도 산 너머 저쪽을 궁금해한 적이 있지요? 오늘은 여러분이 궁금했던 것을 내용으로 시를 지어 보세요. 궁금증은 글쓰기의 좋은 재료가 됩니다.

동시를 좋아하는 친구의 댓글을 받아 보세요.

동화 완성하기
(이야기 이어쓰기)

어느 동화 작가가 이야기를 써 놓았는데, 나중에 보니 중간 부분이 사라져 버렸어요. 여러분이 동화 작가가 되어 중간 부분을 멋지게 만들어 보세요.

아주 추운 겨울날, 아기를 안은 채 눈 쌓인 벌판에 쓰러져 있는 젊은 어머니가 있었습니다. 아기는 어머니의 외투에 꽁꽁 싸여 편안히 자고 있었지만 어머니는 얼어 죽기 직전이었어요. 지나가던 청년이 이 광경을 발견하고 어머니를 일으키려 했지만 어머니는 꼼짝도 하지 못했어요. 순간, 청년은 한 가지 생각을 해 냈어요.

그래서 결국 아기와 어머니 모두 살아날 수 있었답니다.

독서를 좋아하는 친구의 댓글을 받으세요.

경주 최 부잣집의 비밀
(도덕적 판단력 기르기)

"부자가 삼 대를 못 간다."는 속담이 있습니다. 왜 그럴까요? 부모는 열심히 일해서 부자가 되었지만, 고생을 모르고 자란 부잣집 자식들이 돈을 흥청망청 써 버리기 때문이지요.

그런데 부자로 300년 이상을 이어온 집안이 있습니다. 바로 우리나라 '경주 최부잣집'입니다. 최 부잣집은 300년 동안 재산이 늘지도 줄지도 않고, 1만 석을 유지하고 있는 게 특징입니다. 서양에서는 예술가들을 도와준 이탈리아의 메디치 가문이 200년을 부자로 내려와서 서양 최고의 가문으로 꼽히고 있지요.

경주 최 부잣집은 어떻게 300년 동안 재산이 늘지도 줄지도 않고 1만 석을 유지하고 있을까요? 최 부잣집의 가훈(家訓)을 보면 그 비밀을 알 수 있답니다.

가 훈
첫째, 흉년에는 남의 논밭을 사들이지 마라.
둘째, 만 석 이상의 재산은 소유하지 말고 어려운 이웃에 나누어 주어라.
셋째, 손님을 후하게 대접하라.
넷째, 사방 백 리 안에 굶어죽는 사람이 없게 하라.

최 부자 할아버지는 왜 자손들에게 흉년에는 논밭을 사지 말라고 했을까요? 최 부자 할아버지가 되어 설명해 보세요.

2. 최 부자 할아버지는 자손들이 만 석 이상의 재산을 갖는 것을 왜 금했을까요? 최 부자 할아버지가 되어 설명해 보세요.

3. "백 리 안에 굶어죽는 사람이 없게 하라."고 당부한 최 부자 할아버지는 어떤 분일지 상상해 보세요. 얼굴, 모습, 성격, 취미 등등을 상상해 보세요.

4. 내가 부자가 되었을 때 나의 자손들에게 어떤 가훈을 내릴지 미리 가훈을 만들어 보세요.

오늘의 댓글은 현명한 사람에게 받아 보세요.

넷째 달 : 생각을 즐기자

가을 하면
생각나는 것은?
햇밤, 햅쌀, 누런 들판
푸른 하늘과 빨간 감
국화 향기, 갈색 낙엽
아빠의 바바리코트
엄마가 커피 끓이는 냄새

그 외에 또
생각나는 거 없니?
독서 감상문 대회가 있지.
미술 대회도 있지.
과학 경진 대회도 있어.

가을에는 왜 이렇게 대회가 많지?
글쎄, 생각의 부자가 된 아이들을 위해서
축하 잔치가 열리는 건 아닐까?

너, 축하 잔치에 나가 본 적 있니?

01day
가을 안녕?
(감성 키우기)

08day
꽃씨와 눈사람
(비유적 의미 알기)

15day
책벌레 왕자
(추리력 키우기)

22day
바보네 가게
(원인 추리하기)

29day
새우 등이
터져요
(입장 바꿔 생각 쓰기)

02day 책이 과자로 변한다면? (엉뚱하게 생각하기)	03day 단군 할아버지 (개천절)	04day 내 낱말 실력은? (어휘력 확장하기)	05day 귓속말하고 싶은 친구 (집중하여 관찰하기)	06day 말로 때려도 아파요 (언어 순화하기)	07day 나의 우리말 실력은? (우리말 익히기)
09day 직업 이야기 (예측하기)	10day 나의 습관 (판단력 다지기)	11day 수염을 기르세요 (상상력 확장하기)	12day 정직한 인천 시민 (판단력 키우기)	13day 그렇게 깊은 뜻이? (숨은 뜻 파악하기)	14day 세 살 때의 나 (내 이야기 만들기)
16day 똑똑한 유권 자가 되려면 (판단력 기르기)	17day 학교와 학원의 차이점 (비판력 기르기)	18day 임금님 귀 (이야기 창작하기)	19day 왜 그럴까요? (추리력 기르기)	20day 아빠가 못 사 온 이유 (논리적으로 생각하기)	21day 아하, 그런 뜻이 (의미 풀어 쓰기)
23day 이기는 것보다 중요한 것 (도덕적 판단력 키우기)	24day 작가 연습 (모험 이야기 쓰기)	25day 성인들의 한 말씀 (상상력 확산시키기)	26day 나는 분쟁 해결사 (문제해결력 기르기)	27day 압력밥솥의 비밀 (생각을 단락으로)	28day 육지가 아니라 바다라면 (상황 바꿔 상상하기)
30day 생각이 모락모락 (이야기 만들기)	31day 지은이에게 편지 쓰기 (의견 전하기)				

가을 안녕?
(감성 키우기)

배추밭을 다 못 맨 마나님은
한 발 남은 해님을 바라보고서
"아이 참 가을 해는 짧기도 하이."

온종일 새를 몰던 영감님은
한 뼘 남은 해님을 바라보고서
"아이 참 가을 해는 길기도 하이."

— 한인현, 〈가을 해〉

가을에는 곡식이 영글고, 과일이 익어 가고, 농부들의 마음은 희망으로 가득 찹니다. 오늘은 가을을 가을답게 만드는 자연의 모습을 발견해 보세요.

● 가을을 물들이는 색깔들 :

● 가을에 들려오는 소리들 :

● 가을에 풍겨오는 향기들 :

● 가을에 나오는 과일들 :

관찰력이 풍부한 사람의 댓글을 받아 보세요.

책이 과자로 변한다면?
(엉뚱하게 생각하기)

만약에 다음과 같은 일이 일어난다면 어떻게 될까요? 결과를 써 보세요.

- 만약에 동물들이 학교에 다닌다면?
- 만약에 사람의 키가 계속 자란다면?
- 만약에 선생님이 학교에 없다면?
- 만약에 노인들만 전쟁에 나간다면?
- 만약에 어린이가 대통령이 된다면?
- 만약에 책이 과자로 만들어진다면?
- 만약에 세상에서 동화책이 사라진다면?
- 만약에 어린이 나라, 어른 나라가 따로 있다면?

엉뚱한 생각을 잘하는 친구의 댓글을 받아 보세요.

단군 할아버지
(개천절)

우리가 물이라면 새암이 있고,
우리가 나무라면 뿌리가 있다.
이 나라 한아버님은 단군이시니.
이 나라 한아버님은 단군이시니.

개천절 노래입니다. 어느 민족이나 신화가 있지요. 그리스에는 그리스 신화가 있고, 로마에는 로마 신화가 있어요. 우리나라에는 단군 신화가 있습니다. 단군 신화는 하늘에서 내려온 환웅의 아들 단군이 나라를 처음 세우는 이야기입니다. 우리나라는 1949년부터 10월 3일을 개천절로 정하고 우리 민족의 시작을 기념하고 있습니다.

어느 날 곰과 호랑이가 환웅을 찾아와 사람이 되게 해 달라고 간청했습니다. 그러자 환웅은 사람이 되려면 쑥과 마늘만 먹고 해가 비치지 않는 어두운 동굴 속에서 100일을 지낼 수 있어야 한다고 말해주었습니다.

두 동물은 사람이 되고 싶어서 그렇게 하기로 했습니다. 곰과 호랑이는 동굴 속에 들어가 마늘과 쑥만 먹으며 지냈습니다. 며칠이 지나자 호랑이는 답답하고 괴로워서 견딜 수가 없어서 밖으로 뛰어 나오고 말았는데, 곰은 꾹 참고 견디었습니다.

그렇게 스무하루가 지났을 때 갑자기 굴속에 햇빛이 비치면서 드디어 곰은 여자의 몸으로 변했습니다. 여자가 된 웅녀(熊女)는 환웅과 결혼하기를 원하여 환웅이 혼인하여 주었더니 아들을 낳았습니다. 이분이 바로 우리 민족의 시조인 단군왕검입니다. 단군왕검은 태백산 신단수 아래에 도읍을 정하고 나라 이름을 '조선'이라 불렀습니다.

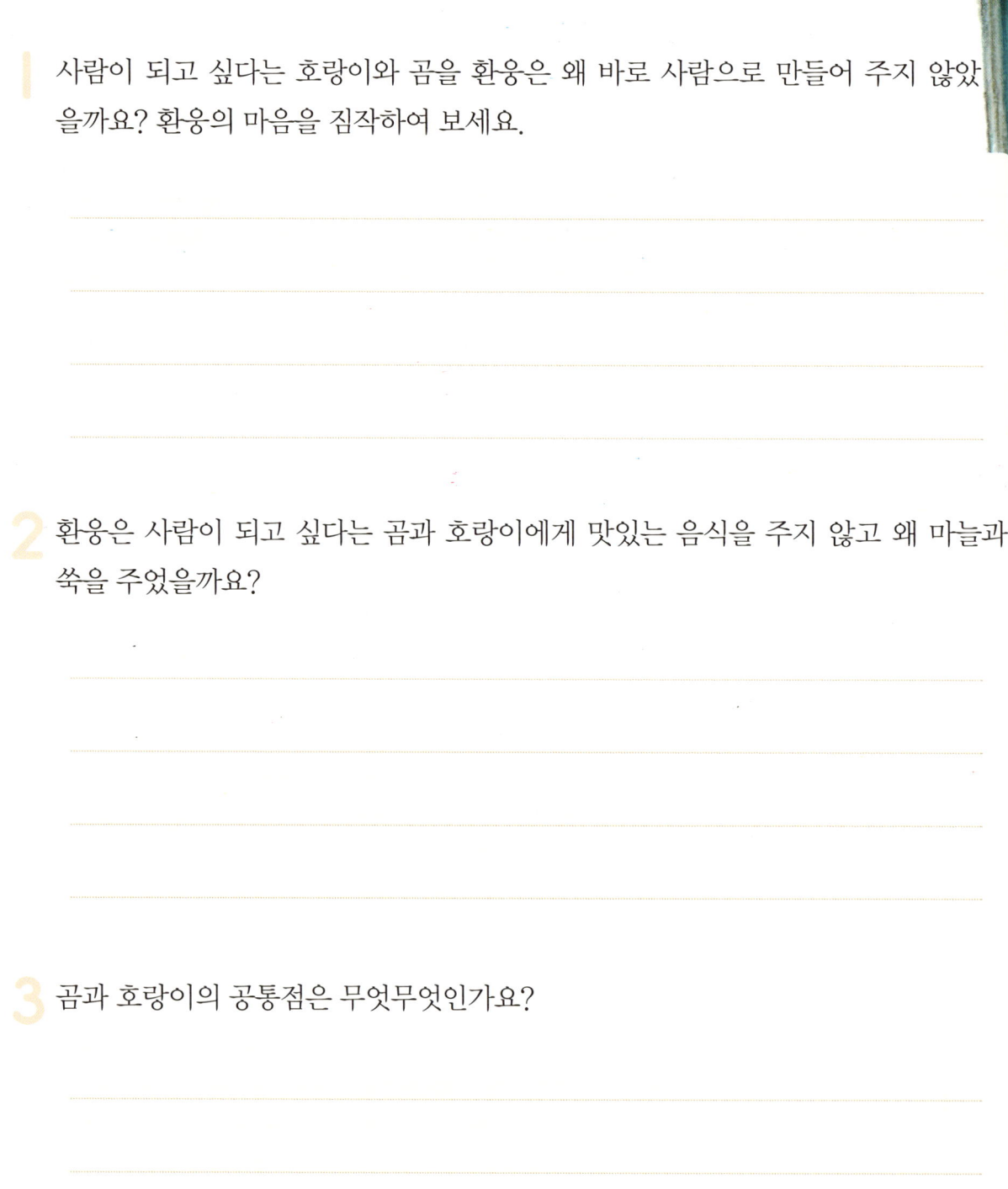

1 사람이 되고 싶다는 호랑이와 곰을 환웅은 왜 바로 사람으로 만들어 주지 않았을까요? 환웅의 마음을 짐작하여 보세요.

2 환웅은 사람이 되고 싶다는 곰과 호랑이에게 맛있는 음식을 주지 않고 왜 마늘과 쑥을 주었을까요?

3 곰과 호랑이의 공통점은 무엇무엇인가요?

4 곰과 호랑이의 차이점은 무엇무엇인가요?

5 우리나라 건국 신화를 간단하게 요약하여 보세요.

짝꿍 친구의 댓글을 받아 보세요.

내 낱말 실력은?
(어휘력 확장하기)

나는 비슷한 말과 반대말을 얼마나 알고 있을까요? 내가 아는 낱말로 아래 빈칸을 채워 보세요.

비슷한 말 알아내기

- 찬찬하다 : 꼼꼼하다, 빈틈없다, 침착하다
- 능청스럽다 :
- 점잖다 :
- 검소하다 :
- 어리석다 :

반대말 알아내기

- 순진하다 :
- 부드럽다 :
- 게으르다 :
- 지혜롭다 :
- 우람하다 :

국어사전을 자주 보는 친구의 댓글을 받아 보세요.

05day

귓속말하고 싶은 친구
(집중하여 관찰하기)

　학교에 가지 않는 날이 되면 누가 가장 보고 싶죠? 눈을 감고 그 애의 이름을 생각해 보세요. 오래된 친구도 좋고, 새로 사귀고 싶은 친구도 좋아요. 함께 귓속말을 하고, 함께 이야기를 나누고 싶은 친구의 이름을 생각해 보세요.

　오늘은 학교에 가지 않는 날에 가장 보고 싶은 친구의 이야기를 쓰는 날입니다. 그 애에 관한 이야기라면 어떤 것도 좋아요. 그 애의 미소, 그 애의 마음, 그 애와 나의 이야기를 쓰세요.

내 글의 주인공인 친구의 댓글을 받아 보세요.

말로 때려도 아파요
(언어 순화하기)

1. 어떤 일이 일어나고 있나요? 그림 속에 들어 있는 이야기를 꺼내어 주세요.

2. 실제로 때리는 것보다 더 아픈 말에는 어떤 것이 있을까요? 생각나는 대로 적어 보세요.

3. 그림 속의 두 사람 중 평소의 나는 어느 편에 가까운 사람인가요? 내 친구들은 어느 편에 가깝나요? 왼쪽 사람과 가까운 사람은 왼쪽에, 오른쪽 사람과 가까운 사람은 오른쪽에 이름을 써 보세요.

점잖게 말하는 친구에게 댓글을 부탁하세요.

07day

나의 우리말 실력은?
(우리말 익히기)

'집'은 순수한 우리말이고 '가(家)'는 한자에서 온 말이고, 하우스(house)는 영어입니다. 여러분은 순수한 우리말을 얼마나 알고 있나요? 알고 있는 우리말을 모두 적어 보세요. 생각이 나지 않으면 국어사전을 보고 적어도 좋아요.

떡, 가을, 치마

우리말을 사랑하는 사람에게 댓글을 부탁하세요.

꽃씨와 눈사람
(비유적 의미 알기)

거두어들이지 않은 꽃씨는 땅에 떨어졌다. 아이가 비질할 때마다 흙이 그 위에 쌓였다. 꽃씨는 그 속에서 포근히 잠들었다. 겨울이 왔다. 눈이 흐벅지게 내렸다. 아이들이 눈사람을 만들었다. 큼직하게 코를 빚어서 붙였다. 큼직하게 귀를 빚어서 붙였다. 숯을 박아서 눈과 입을 만들었다. 눈사람은 정신이 들었다.

"아이들아! 담배를 주어야지!"

아이들에게 영을 내렸다. 아이들이 담배를 입에 물려 주었다.

"여봐라! 아이들아! 어째 옆구리가 허전하구나!"

아이들은 우비진 옆구리에 땜질을 했다. 돌아가며 땜질을 해서 반듯하게 만들었다. 아이들은 그렇게 해야만 사람 꼴이 될 것 같아서 한 일이지만 눈사람은 제 말대로 아이들이 움직여 주는 줄 알고 '대견한 놈들'이라고 생각했다.

며칠이 지났다. 발밑에서 꼼지락거리는 것이 있었다.

'요놈이 무엇일까? 간지럽구나!'

"요놈아! 가만 있거라! 너는 무엇 하는 놈이냐?"

"꽃씨라오!"

눈사람 밑, 땅속의 꽃씨가 깊은 잠에서 깬 것이다.

"가만히 있지 못할까?"

눈사람은 호통을 쳤다. 발밑에서 뭐가 꼼지락거리니까 쓰러질 것 같았다.

"호호…… 따듯해서 가만있을 수가 있어야지요! 바야흐로 내 하늘이 다가오고 있는데……."

땅속에서 꽃씨가 웃으면 눈사람을 땜질했던 눈덩어리가 하나둘 흘러 떨어졌다.

"여봐라! 아이들아! 게 누구 없느냐? 꽃씨란 놈을 당장에 없애 버려라!"

눈사람은 아이들에게 영을 내렸다. 그러나 아이들은 하나도 없었다. 따듯한 햇볕에 눈사람은 녹아내렸다. 땀을 흘리듯 눈물을 흘리듯 질펀히 녹아내렸다.

이 동화는 〈바위나리와 아기별〉과 〈떡배 단배〉를 쓴 마해송 선생님의 작품입니다. 이 동화에는 아주 깊은 뜻이 들어 있어요. 지금부터 깊은 뜻을 찾아볼까요?

1. 눈사람은 왜 아이들에게 호령을 했을까요?

_____

2. 꽃씨는 왜 눈사람을 무서워하지 않았을까요?

_____

3. 우리 주위에는 이 동화에 나오는 눈사람과 비슷한 사람들이 있답니다. 누구일까요? 왜 그런지 이유도 써 보세요.

눈사람은 _____ 와 비슷하다.

왜냐하면 _____ 때문이다.

4. 우리 주위에는 이 동화에 나오는 꽃씨와 비슷한 사람들이 있답니다. 누구일까요? 왜 그런지 이유도 써 보세요.

꽃씨는 _____ 와 비슷하다.

왜냐하면 _____ 때문이다.

독서 능력이 높은 친구에게 댓글을 부탁하세요.

슬근슬근
톱질하세

직업 이야기
(예측하기)

세상에는 얼마나 많은 직업이 있을까요? 우리가 다 알 수는 없지만 2008년 세계 직업 사전에는 23,000개의 직업이 등록되어 있답니다. 그런데 직업도 사람처럼 새로 태어나기도 하고 사라지기도 합니다.

1950년대 무성 영화 시절에는 화면에 나오는 배우의 말을 대신 해 주던 '변사'라는 직업이 있었습니다. 그러나 유성 영화가 나오면서 그 직업은 사라졌습니다.

반면에 컴퓨터 프로그래머, 영화 해설가, 보험 설계사 등은 1950년대에는 없었던 직업입니다. 이렇게 직업은 시대에 따라 생기기도 하고 사라지기도 합니다.

여러분이 어른이 되었을 때는 어떤 직업이 생기게 될까요? 아니 어떤 직업이 생겼으면 좋을까요? 여러분이 상상해 보세요.

창의력이 높은 친구의 댓글을 받아 보세요.

나의 습관
(판단력 다지기)

"습관이 바뀌면 생각이 바뀌고, 생각이 바뀌면 행동이 바뀌고, 행동이 바뀌면 운명이 바뀐다."

여러분은 어떤 습관을 가지고 있나요? 그 습관을 계속 가지고 있으면 어떤 운명을 맞게 될까요? 눈을 감고 상상해 보세요.

1 내가 가지고 있는 좋은 습관

습관 :

언제, 왜 생겼지?

이 습관을 계속 가지고 있으면?

2 내가 가지고 있는 나쁜 습관

습관 :

언제, 왜 생겼지?

이 습관을 계속 가지고 있으면?

좋은 습관을 가진 친구에게 댓글을 부탁하세요.

수염을 기르세요
(상상력 확장하기)

링컨 아저씨에게

아저씨 수염을 기르세요. 오늘 아저씨 사진을 보면서 상상한 건데요, 아저씨가 수염을 기르면 더 잘생겨 보일 것 같아요. 그러면 더 많은 사람들이 아저씨에게 투표를 할 거예요.

— 1860년 10월 19일 그레이스 베델로부터

이 편지는 150여 년 전에 미국의 한 초등학생이 당시 미국의 대통령 후보인 링컨에게 보낸 편지입니다. 이 편지를 받은 링컨은 "어색해 보이지 않겠느냐?"는 답장을 보냈지요. 그러나 소녀가 "더 인자해 보일 것 같아요."라는 편지를 보내자 링컨은 수염을 기르기 시작했답니다.

여러분도 그레이스 베델처럼 상상력을 발휘하여 정치가에게 편지를 써 보세요. 관심 있는 정치가가 더 많은 인기를 얻을 수 있는 방법을 알려 주는 편지 말예요.

오늘은 부모님의 댓글을 받아 보세요.

정직한 인천 시민
(판단력 키우기)

　2008년에 《리더스다이제스트》라는 잡지에서 아시아 14개 도시를 대상으로 시민들의 정직성을 조사했습니다. 이 조사에 따르면, 아시아에서 가장 정직한 시민은 싱가포르 시민이고, 두 번째는 한국의 인천 시민이라고 합니다.

　이 조사는 10~40달러가 든 지갑을 길에 떨어뜨려 놓고 이것을 주운 사람들이 어떻게 하는지를 살펴본 것입니다. 싱가포르에서는 10개의 지갑 중 9개가 돌아왔고, 인천에서는 8개, 서울은 6개, 도쿄는 7개, 태국의 방콕·인도의 뭄바이·필리핀의 마닐라에서는 4개, 홍콩은 3개만 돌아왔다고 합니다.

1. "정직은 재산이다."라는 격언이 있습니다. 정직이 재산이 되는 경우를 들어 보세요.

2. 이 조사 결과 때문에 한국인들은 어떤 이익을 보게 될까요?

3. 정직에 대한 표어를 만들어 보세요.

정직한 친구에게 댓글을 부탁해 보세요.

13day

그렇게 깊은 뜻이?
(숨은 뜻 파악하기)

훌륭한 위인들은 모두 독서에 대한 명언을 남기고 갔습니다. 공자님은 "사람은 모름지기 다섯 수레의 책을 읽어야 한다."라는 말을 남겼고, 안중근 의사는 "하루라도 책을 읽지 않으면 입에 가시가 생긴다."라고 했답니다. 훌륭한 분들은 왜 독서를 강조한 것일까요? 그리고 그분들이 한 말 속에는 어떤 뜻이 담겨 있을까요? 여러분이 찾아보세요.

◉ 안중근 : 하루라도 책을 읽지 않으면 입에 가시가 생긴다.

◉ 공자 : 사람은 모름지기 다섯 수레의 책을 읽어야 한다.

◉ 안데르센 : 한 권의 책은 한 분의 스승, 백 권의 책은 백 분의 스승.

◉ 나도 한마디 :

◉ 부모님도 한마디 :

오늘은 부모님의 댓글을 받아 보세요.

세 살 때의 나
(내 이야기 만들기)

"너는 세 살 때 장롱에 들어가는 게 취미였지. 어느 날 네가 안 보여서 찾다가 할머니가 장롱을 열어 보니 그 속에서 잠을 자고 있었단다."

주연이가 할머니에게 들은 이야기입니다. 엄마나 할머니에게 나의 어린 시절 이야기를 들려 달라고 하세요. 그리고 그 내용으로 이야기를 만들어 보세요.

어렸을 때 이야기를 들려 준 분에게 댓글을 부탁하세요.

책벌레 왕자
(추리력 키우기)

　책 읽기를 좋아하는 왕자가 있었어요. 어찌나 좋아했는지 눈병을 달고 살 정도였어요. 그래서 걱정이 된 임금님이 시종들에게 명령을 내렸어요.
　"여봐라! 왕자의 방에서 책을 몽땅 치워라!"
　시종들이 왕자의 방에 들이닥쳐 책을 모조리 가져갔어요. 그런데 그때 책 한 권이 병풍 뒤에 떨어졌어요. 왕자는 얼른 그 책을 옷 속에다 숨겼지요. 그러고는 하루에도 몇 번씩 그 책을 읽었답니다. 그 책의 제목은 《구소서간》이고, 왕자의 이름은 충녕 대군. 세종대왕의 왕자 시절 이야기랍니다.

　빛나는 삶을 살다간 사람들은 모두 책벌레였답니다. 이순신, 링컨, 나폴레옹도 책벌레로 유명하지요. 그래서 "책 읽는 사람이 세계를 이끈다."는 격언까지 생겼나 봅니다. 왜 책 읽는 사람들이 세상을 이끌어 가게 되었을까요? 이유를 다양하게 생각해 보세요.

1.
2.
3.
4.

책 읽기를 좋아하는 사람의 댓글을 받아 보세요.

16day 똑똑한 유권자가 되려면
(판단력 기르기)

출처 : 김우영, 《똥딴지 만화편지》(계림북스)

여러분은 직접 선거를 하지는 않지만 똥딴지처럼 앞으로 훌륭한 유권자가 되기 위하여 생각해 보세요. 우리나라 국민들이 선거할 때 '이런 점에 주의했으면' 하고 생각한 것이 있다면 세 가지만 적어 보세요. 신문, 방송, 어른들의 이야기에서 들은 것도 좋아요.

1.

2.

3.

4.

직접 투표를 하는 유권자의 댓글을 받아 보세요.

학교와 학원의 차이점
(비판력 기르기)

어떤 물건이나 사물을 설명하려면 그 속성을 정확하게 알아야 합니다. 속성은 다른 것과 비교해 보면 더 잘 나타나지요. 오늘은 비교하는 글을 써 보세요.

비슷해 보이는 두 단어의 공통점과 차이점을 찾아보세요. 여러 가지를 찾을수록 더욱 좋아요.

1. 학교와 학원

   공통점 :

   차이점 :

2. 축구와 야구

   공통점 :

   차이점 :

3. 시장과 백화점

   공통점 :

   차이점 :

오늘은 부모님의 댓글을 받아 보세요.

18day

임금님 귀
(이야기 창작하기)

다음은 여러분이 듣거나 읽었던 옛날이야기입니다. 아래의 빈칸에 여러분이 창작한 이야기를 써 주세요. 어떤 이야기를 이으면 더 재미있을까요? 멋진 작가가 되어 주세요.

옛날에 귀가 당나귀처럼 큰 임금님이 있었습니다. 임금님은 큰 귀가 부끄러워 항상 수건을 쓰고 있었지요. 그래서 아무도 임금님 귀가 당나귀 귀라는 걸 아는 사람이 없었지요. 궁중 이발사만 빼놓고는요.

그런데 비밀을 알게 된 날부터 이발사는 병이 생겼습니다. 가슴이 답답하고 소화가 안 되더니 머리가 지끈지끈 아팠습니다. 참다 못한 이발사는 어느 날 대밭 속에 들어가 "임금님 귀는 당나귀 귀래요!"하고 소리를 쳐 보았지요. 그랬더니 답답하던 가슴이 후련해지지 않겠어요? 그러나 그다음 날에 이상한 일이 벌어졌어요. 바람이 불 때마다 온 나라의 대밭에서 "임금님 귀는 당나귀 귀"라는 소리가 들려왔거든요.

이 소문을 들은 임금님은

___

짝꿍의 댓글을 받아 보세요.

왜 그럴까요?
(추리력 기르기)

우리나라 아파트 이름에 외국어가 많아졌어요. 예전에는 장미아파트, 진달래아파트 등 우리가 금방 알 수 있는 이름들이 많았죠. 아파트 이름을 외국어로 짓는 이유를 건설 회사에 물어보니 그런 아파트가 더 잘 팔리기 때문이라고 합니다.

● 사람들은 왜 외국어로 된 아파트 이름을 좋아하는 것일까요?

___

● 외국어로 된 아파트 이름이 많아지면 누가 가장 불편할까요?

___

● 한국어로 된 아파트 이름이 유행하려면 어떤 방법이 있을까요? 아이디어를 내어 보세요.

___

부모님의 댓글을 받아 보세요.

아빠가 못 사 온 이유
(논리적으로 생각하기)

아빠 : 여보, 나 산책 가는데 뭐 사다 줄 거 없소?
엄마 : 사과, 김, 우유, 미역, 고구마, 그리고 참기름과 콩, 시금치를 사다 주세요.
아빠 : (집에 들어오며) 자, 여기 있어요.
엄마 : 어머나! 왜 이것만 사 오셨어요? 왜 참기름, 고구마, 콩, 시금치는 안 사 왔어요?

1. 아빠는 왜 다 사 오지 못했을까요? 이유가 될 수 있는 것들을 적어 보세요.
   ① _____
   ② _____
   ③ _____

2. 아빠가 다 사 오려면 엄마는 어떻게 말을 해야 할까요? 아빠가 기억하기 좋게 엄마의 말을 다시 해 보세요.

부모님 중 한 분에게 댓글을 부탁하세요.

아하, 그런 뜻이
(의미 풀어 쓰기)

우리 국민은 아득한 옛날부터 저축 정신이 매우 강한 민족이었습니다. 그래서 저축이나 아끼는 일에 관련된 속담이나 격언이 많지요. 다음 속담 속에 숨어 있는 깊은 뜻을 알아보세요.

● 강물도 쓰면 준다.

 아하! 많다고 헤프게 쓰면 언젠가는 바닥난다는 뜻이군.

● 티끌 모아 태산(泰山)

 아하!

● 굳은 땅에 물이 괸다.

 아하!

● 소같이 일하고 쥐같이 먹어라.

 아하!

속담을 많이 아는 친구의 댓글을 받아 보세요.

22day

바보네 가게
(원인 추리하기)

우리 동네에서 제일 잘되는 가게는 '바보네 가게' 라는 구멍가게입니다. 다른 집은 다 파리 날리고 있을 때에도 그 가게에는 손님들이 북적거리죠.

"이 집에는 바보가 없는데, 왜 이름을 '바보네 가게' 라고 지었어요?"

누가 이렇게 물으면 주인아저씨와 아주머니는 그냥 싱긋 웃기만 해요.

1 사람들은 왜 바보네 가게에 물건을 사러 갈까요? 손님들의 입장이 되어 바보네 가게로 가는 이유를 추측되는 대로 모두 적어 보세요.

2 가게 이름을 왜 '바보네 가게' 라고 지었을까요? 주인의 입장이 되어 가게 이름을 그렇게 짓게 된 사연을 추측되는 대로 모두 적어 보세요.

탐정처럼 눈치가 빠른 친구의 댓글을 받아 보세요.

이기는 것보다 중요한 것
(도덕적 판단력 키우기)

"알베르트는 오늘부터 여러분의 친구입니다."

선생님의 말이 떨어지자 아이들이 킥킥 웃었습니다. 함께 학교에 다니는 아이들은 모두 농부의 아이들이었습니다. 집에서는 동물을 키우고 어른들을 도와 밭에서 일하다 온 아이들의 옷은 더러웠습니다. 그들은 나무로 만든 딱딱한 나막신을 신고 손에는 때가 새까맣게 묻어 있었습니다. 아이들은 알베르트가 입고 있는 깨끗한 양복과 부드러운 가죽 구두를 보면서 웃었습니다. 친구가 아니라는 거지요.

"가죽 구두 같은 건 목사님의 아들인 도련님만 신으면 돼."

마을 아이들은 가죽 구두를 신고 있는 알베르트를 미워했습니다. 개학이 되어도 함께 놀려고 하지 않았습니다. 그래서 알베르트는 학교가 싫었습니다.

'왜, 나만 다른 아이일까? 아버지는 사람은 모두 같은 하나님의 자식이라고 말하지 않았는가? 하나님이 나만 다른 사람으로 만들어 놓은 것일까?'

알베르트는 외톨이가 되어 이런 생각을 하게 되었습니다.

어느 날, 학교에서 돌아오는 길에 친구 게오르그에게 말했습니다.

"왜 나하고 놀아 주지 않지? 목사의 아들이나 농부의 아이들이나 모두 같은 인간이 아니냐?"

게오르그는 깜짝 놀라며 멈춰 섰습니다.

"어허, 알베르트 도련님. 나와 악수를 하려는 거야?"

"응."

"내 손에 닿으면 더러워지는데."

"괜찮아."

"그래? 도련님이 더러워지면 어머니나 식모 할머니에게 욕먹지 않아?"

"도련님이라고 부르지 마."

"그럼 나와 맞붙어도 괜찮아?"

"좋아."

그때 몇 아이가 모여들었습니다. 모두 나막신 소리를 내면서 게오르그 뒤에 섰습니다. 아이들이 알베르트에게 말했습니다.

"게오르그는 힘이 세다. 우리 중에서도 가장 세다."

이미 맞붙기로 결정한 마당에 알베르트는 걱정이 됐습니다. 이제 뒤로 물러설 수도 없었습니다.

"좋아! 해보자, 게오르그."

곧 알베르트와 게오르그의 싸움이 시작되었습니다.

"와와, 게오르그 이겨라!"

마을 아이들은 일제히 나막신으로 '딱딱' 소리를 내며 게오르그를 응원했습니다. 알베르트와 게오르그는 엎치락뒤치락하며 뒹굴었습니다. 그러나 얼마 후에 키가 작은 알베르트가 게오르그 가슴에 올라타 상대의 팔을 틀어쥐었습니다. 게오르그는 더 이상 힘을 쓰지 못했습니다. 알베르트는 상기된 얼굴로 "내가 이겼다!" 하고 외쳤습니다. 그때 게오르그가 외쳤습니다.

"내가 지는 건 당연해. 난 배가 고팠어. 알베르트는 목사의 아들이며 도련님이잖아. 배가 고파 본 적이 없잖아. 나도 일주일에 두 번 고기 수프를 먹으면 너한테 지지 않아!"

알베르트는 깜짝 놀랐습니다. 게오르그가 진 것은 고기 수프를 먹지 못하기 때문이라는 것입니다.

"좋아, 다음에 네가 고기 수프를 먹었을 때 다시 한 번 하자."

알베르트는 게오르그를 일으키면서 말했습니다.

"알베르트는 아무것도 모르는구나. 우리 집은 가난해서 고기 수프를 평생 먹지 못해. 마을에서 고기 수프를 먹는 건 너희 집뿐이야."

"……."

알베르트는 도망치듯이 집으로 돌아왔습니다.

알베르트는 그날부터 고기스프를 먹지 않았습니다.

"나는 마을 아이들과 같이 되겠어. 같게 되기 위해 고기 수프는 먹지 않겠어. 그리고 이젠 가죽 구두도 신지 않겠어. 마을 아이들과 같은 사람이 되고 싶어."

고향 학교를 졸업한 알베르트 슈바이처는 도시에 있는 대학에 진학하여 신학과 철학을 공부했습니다. 그리고 졸업 후에는 목사와 대학 강사로, 그리고 어려서부터 천부적 재질을 보인 파이프 오르간 연주가로 활약하게 되었습니다. 그러던 중, 아프리카의 흑인들이 의사가 없어 고통을 당한다는 사실을 알게 되었습니다. 그는 곧 모교 의학부의 청강생이 되어 의학을 공부하기 시작했습니다. 그리고 의사가 되어 1913년에 아프리카(현재의 가봉공화국)로 건너가서 오고웨 강변의 랑바레네에 자신의 전 재산을 들여 병원을 지었습니다.

그리고 수십 년 동안 아프리카 흑인들을 돌보다가 95세의 나이로 아프리카에서 숨을 거두었습니다. 그의 유언에 따라 그의 몸도 아프리카에 묻혔습니다.

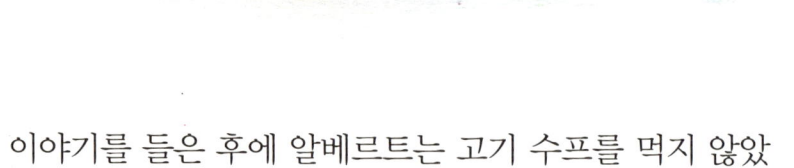

게오르그에게 '고기 수프' 이야기를 들은 후에 알베르트는 고기 수프를 먹지 않았습니다. 왜 그랬을까요? 알베르트가 되어 속마음을 고백해 보세요.

2 요즘도 게오르그나 알베르트처럼 가정 형편이 달라 함께 놀지 못하는 친구들이 있다면? 여러분이 다양한 해결 방법을 생각해 보세요.

① _____
② _____
③ _____

3 초등학교를 졸업하고 30년쯤 후에 게오르그와 알베르트가 만났습니다. 두 친구가 어떤 이야기를 나누게 될지 상상하여 써 보세요.

알베르트: _____

게오르그: _____

알베르트: _____

게오르그: _____

알베르트: _____

게오르그: _____

알베르트: _____

게오르그: _____

싸운 적이 있는 친구의 댓글을 받을 수 있을까요?

알라딘의 요술 램프

작가 연습
(모험 이야기 쓰기)

소년은 길거리에 나뒹구는 종이를 주워 읽어 보았습니다. 무심코 읽었는데, 그 뒷이야기가 매우 궁금했습니다.

'책 만드는 공장에 취직하면 이런 재미난 책을 실컷 읽을 수 있지 않을까?'

소년은 인쇄소 견습공으로 들어가서 출판되는 책마다 몽땅 읽었습니다. 소년의 이름은 마크 트웨인, 《톰 소여의 모험》이라는 유명한 동화를 썼지요. 소년이 길거리에서 주웠던 그 책장은 바로 《잔다르크전》이었답니다.

오늘은 작가 되어 보기입니다. 마크 트웨인처럼 모험 이야기를 하나 써 보세요. 오늘은 줄거리만 쓰세요. 그리고 나중에 커서 완성하세요.

작가의 꿈을 가진 친구의 댓글을 받아 보세요.

성인들의 한 말씀
(상상력 확산시키기)

예수, 석가모니, 공자, 소크라테스를 세계 4대 성인이라고 합니다. 그분들은 많은 사람들에게 가르침을 준 큰 스승이랍니다. 그런데 그분들마다 강조한 것이 달라요.

예수 : 사랑은 모든 허물을 덮는다.
석가모니 : 네 안에 자비를 품어라.
공자 : 인내가 사람을 사람답게 만든다.
소크라테스 : 너 자신을 알라.

1 만약에 여러분이 4대 성인의 가르침을 모두 받아들인다면 어떤 사람이 될까요? 상상해 보세요.

_____

_____

2 만약에 내가 많은 제자들을 가르치는 성인이 되었다면, 나는 어떤 것을 강조하고 싶은가요? 미래의 나를 상상하며 '사람이 사람답게 되는 데 가장 중요한 것'이 무엇인지 생각해 보세요.

나의 가르침 : _____

왜 이런 가르침을? _____

존경하는 분에게 댓글을 부탁해 보세요.

나는 분쟁 해결사
(문제 해결력 기르기)

　분쟁은 국가와 국가 사이에만 일어나는 것은 아닙니다. 가정과 가정 사이에도 일어나고, 가족 사이에도 일어납니다. 아빠와 엄마 사이에 분쟁이 일어나면 아이들이 가장 힘들어요.

　만약에 엄마와 아빠 사이에 분쟁이 일어나면 나는 어떻게 할까요? 두 분을 화해시킬 비법을 일곱 가지 정도는 준비해 두세요. 오늘 당장요.

1. _____

2. _____

3. _____

4. _____

5. _____

6. _____

7. _____

엄마, 아빠 중 한 분에게 댓글을 **부탁**해 보세요.

압력 밥솥의 비밀
(생각을 단락으로)

27day

어떤 전자 회사에서 만든 압력 밥솥이 폭발하는 사고가 있었습니다. 그 전자 회사는 문제가 있는 밥솥을 곧 리콜(이미 판 상품을 되돌려 받는 것)하기 시작했어요. 혹시 사람들이 리콜하는 것이 귀찮아서 밥솥을 가져오지 않을까 봐 리콜할 때 소비자에게 5만 원씩을 주기로 했죠. 그랬더니 그 회사 밥솥이 더 잘 팔렸다고 합니다.

1. 그 회사 사장님은 왜 5만 원씩을 주면서까지 리콜을 받았을까요? 그 회사 사장님이 되어 자신의 생각을 고백해 보세요.

2. 소비자들은 왜 그 회사의 밥솥을 더 찾게 되었을까요? 밥솥을 산 사람이 되어 그 이유를 설명해 보세요.

똑똑한 친구의 댓글을 받아 보세요.

28day 육지가 아니라 바다라면
(상황 바꿔 상상하기)

　토끼와 거북이의 경주 이야기에서는 토끼가 낮잠을 자는 바람에 거북이가 이겼지요. 이 이야기의 배경이 육지가 아니라 바다였다면 이야기가 달라졌을 거예요. 여러분이 토끼와 거북이가 바다에서 경주하는 이야기로 만들어 보세요.

상상력이 풍부한 친구의 댓글을 받으세요.

새우 등이 터져요
(입장 바꿔 생각 쓰기)

무슨 일이 일어난 걸까요? 그림 속에 들어 있는 이야기를 꺼내어 주세요. 꾸중 듣고 있는 아이의 입장에서 이야기를 써 보세요.

출처 : 《한겨레신문》 2005년 9월 14일자

오늘의 댓글은 부모님에게 받으세요.

생각이 모락모락
(이야기 만들기)

여러분은 이제 어떤 낱말, 어떤 그림만 보아도 생각이 모락모락 피어오를 거예요. 다음 그림을 보고 머릿속에 피어오르는 생각을 글을 써 보세요.

상상력이 풍부한 친구에게 댓글을 부탁하세요.

지은이에게 편지 쓰기
(의견 전하기)

　여러분과 함께 지낸 넉 달이 즐거웠습니다. 여러분도 그렇겠죠? 그러면 오늘은 지은이에게 하고 싶은 말 쓰기입니다. 이 책을 사용하면서 좋은 점도 있지만 마음에 들지 않는 곳도 있었을 거예요. 더 좋은 '매일매일 글쓰기학교'를 만들 수 있도록 여러분의 의견을 보내 주세요.

　제 이메일 주소는 mynam@kredl.co.kr입니다. 여러분이 편지를 보내 주시면 꼭 답장을 보내 드리겠어요. 더욱 다양하고 창의적인 생각을 할 수 있는 멋진 어린이가 되세요.

― 지은이 남미영

오늘은 댓글을 받지 않아도 좋습니다.